# ショット・シェイピング（9つの球筋を操る）して意図をもってホールを攻略し、スコアをつくる！

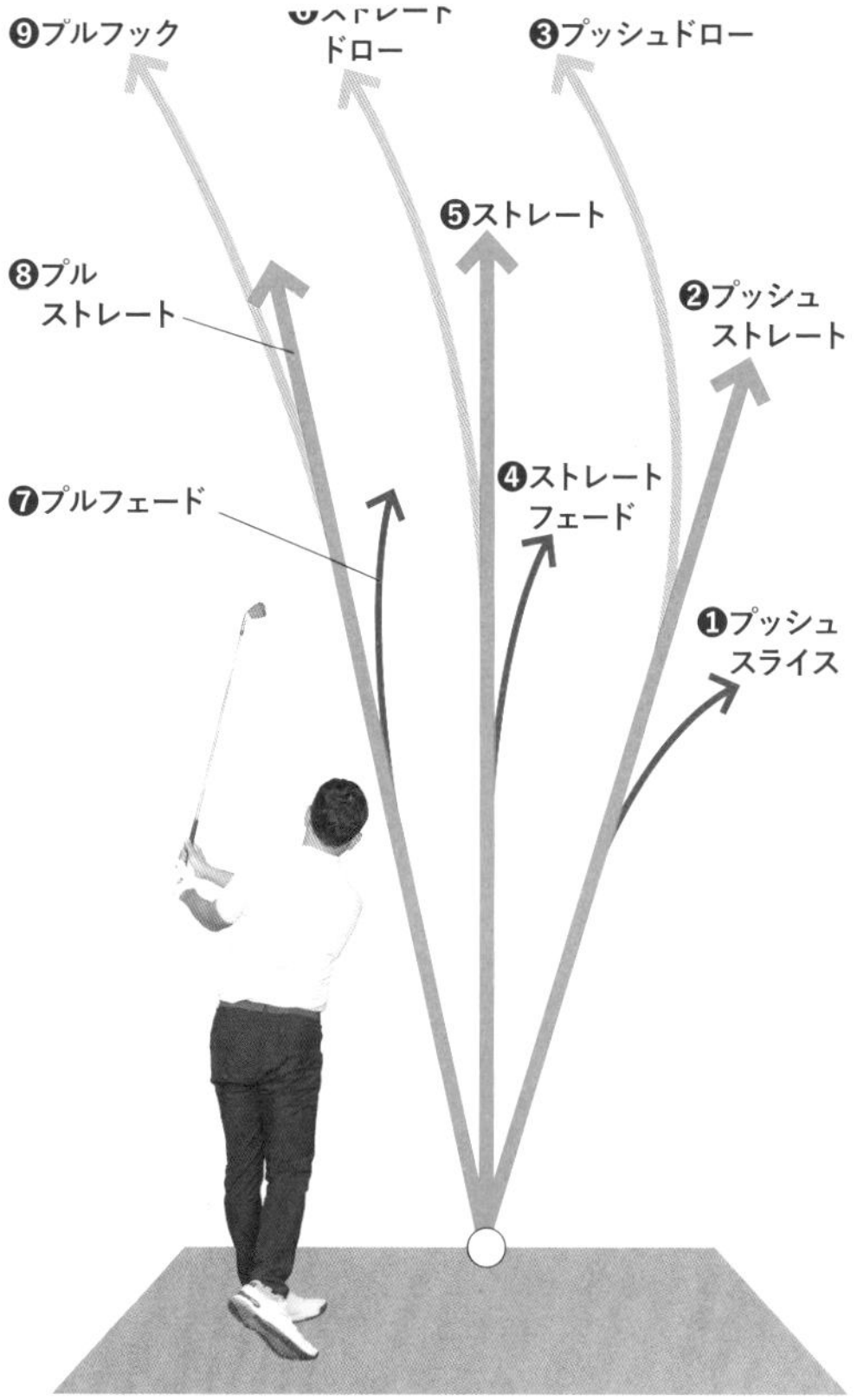


❶ローポイントを安定させるスイングを身につけること
❷安定したローポイントを使って9つの球筋を操ること

本書では上記2点を達成していただくための方法論を紹介していきます。9種類の打ち分けを追求していく過程で「自分の持ち球」を強化することにもなります。持ち球をベースにしながら、必要なときは別の球筋を使い、ホールの攻略を意図をもって進めていく――。そんなエキスパートゴルファー像を追求していけます。

9種類の球筋の打ち分けは、繊細で高度な技術が必要なわけではありません。ローポイントを意識したスイングがひとつだけあれば、そのローポイントの管理と「＋α」だけでできるのです。

**POINT**

# ボールがどこへ飛び出し
# どう曲がるのかはクラブの動きとフェースの向きの関係で決まる

「打球が飛び出す方向はフェースの向きでおおむね決まる」「打球の曲がり方はフェース・トゥ・パスで決まる」——新・飛球法則。だから、フェースの向きとクラブパスを管理することでショット・シェイピングができる！

**POINT**

空中を飛んでいくまるいボールが曲がるのは、回転がかかっているから。その回転方向を決める要素を説明したのが「新・飛球法則」と呼ばれる原理だ。

クラブパスよりフェースの向き（赤の矢印）が右（フェース・トゥ・パスが2.0度オープン）なのでボールは右に出て右に曲がる

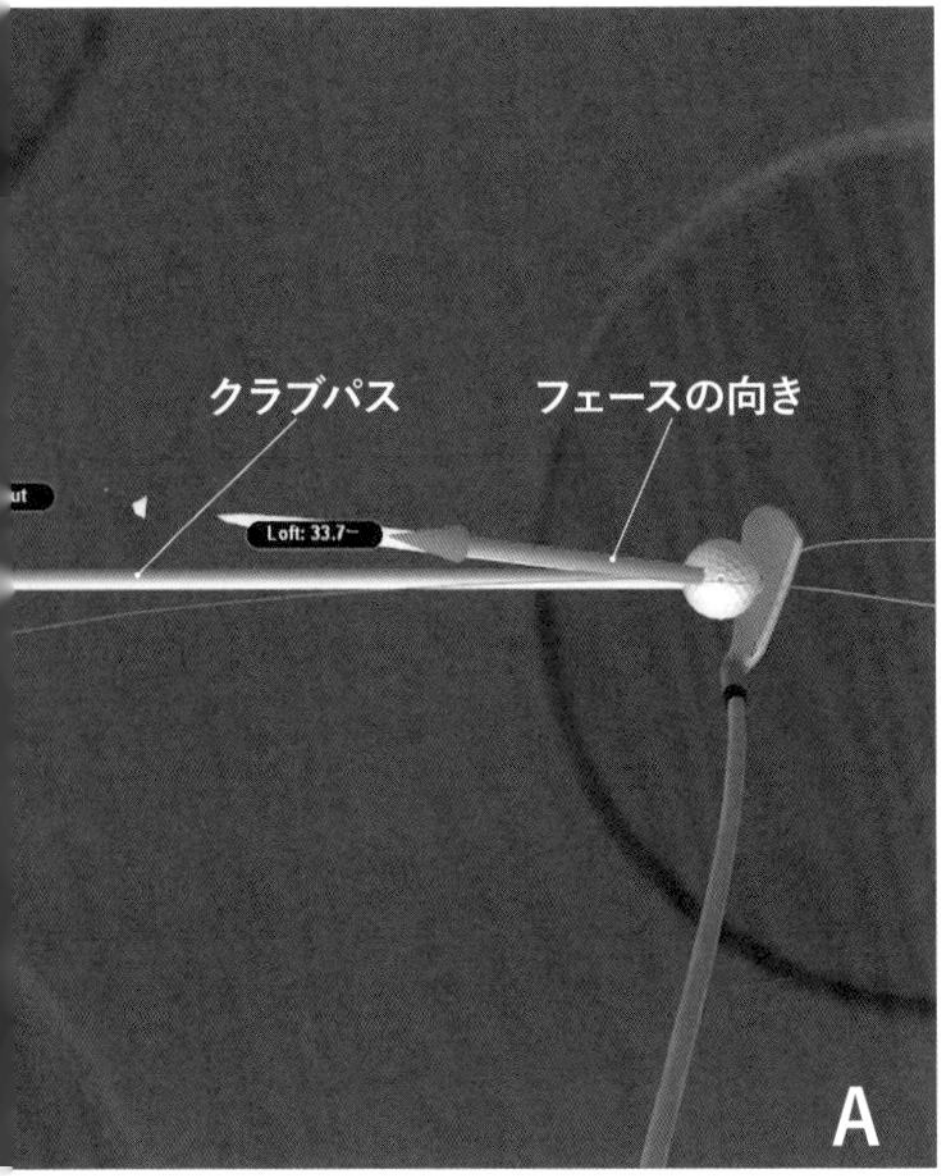


ボールの飛び方の原理を示す新・飛球法則。本書ではこれを元にゴルフボールの打ち方と、打ち分け方を説明していきます。新・飛球法則を単純化して説明すると、ボールが飛び出すのは、フェースの向き（赤矢印）でおおむね決まり、曲がり方はクラ

クラブパスよりフェースが左を向いている（フェース・トゥ・パスが8.4度クローズ）ので、左に出て左に曲がる

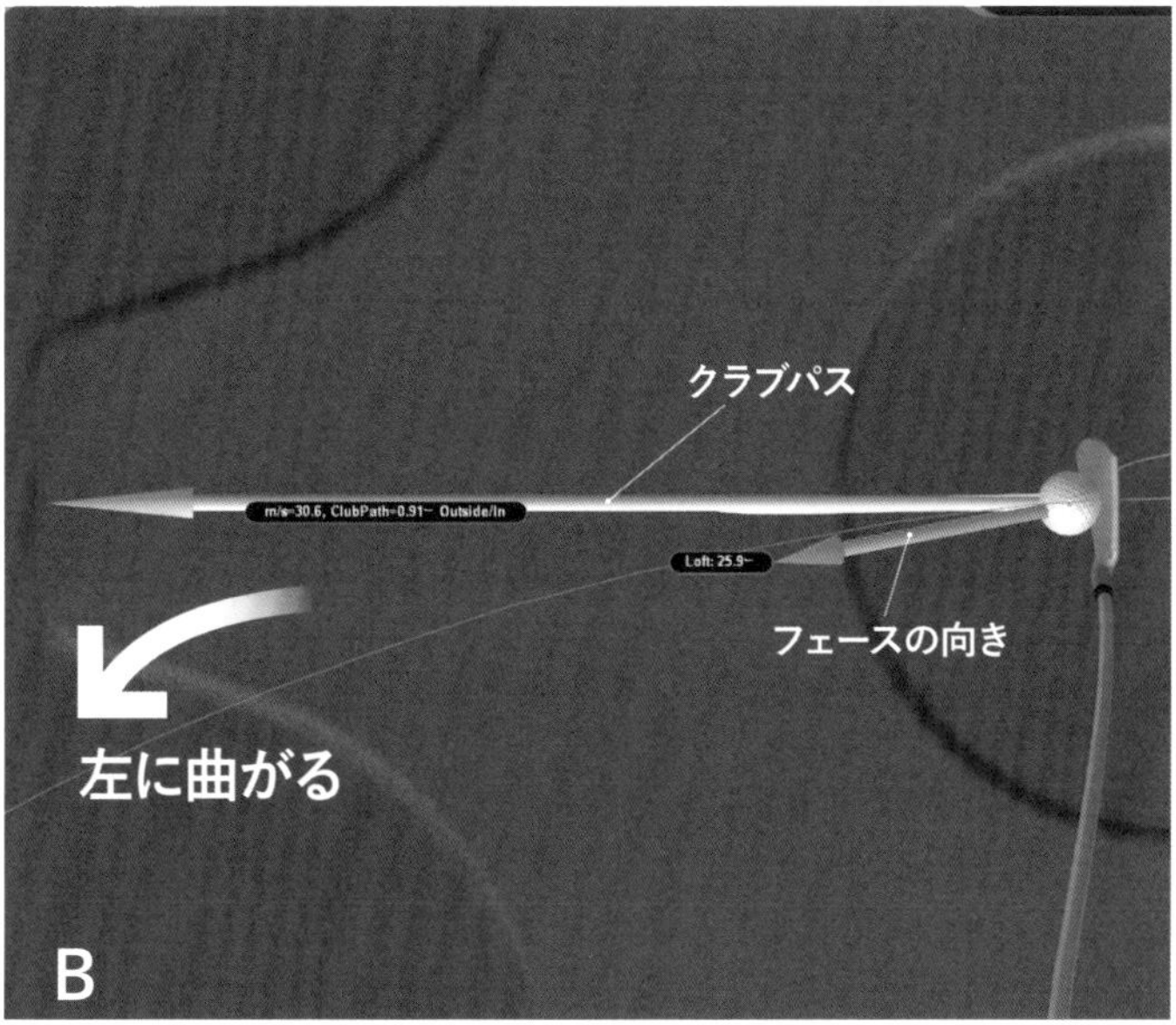


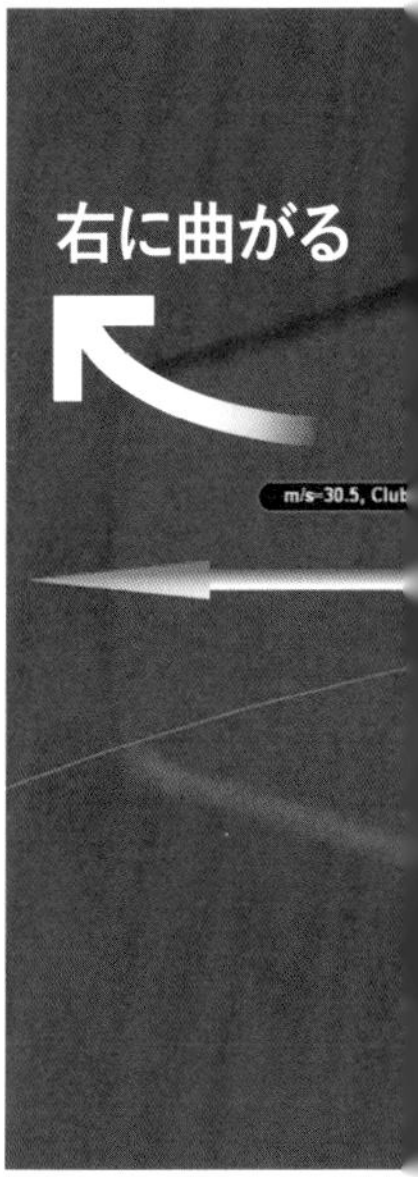


ブの動く方向（クラブパス＝青矢印）に対してのフェースの向き（フェース・トゥ・パス）で決まるというものです。上の図で言えば、青の矢印より赤の矢印が右に向いていれば右に曲がるし、左に向いていれば左に曲がるという理屈です。

**「フェース・トゥ・パス」とは、クラブの動き（クラブパス）に対するフェースの向きのこと。「クラブパス」は、クラブヘッドがインパクト時に動いてきたラインのこと。測定の際には、ターゲットラインに対してどれだけズレていたかを角度として表示する**

# 法則から導き出される打球操作法は
# ローポイントのコントロールから始まる

フェースの向きとクラブパスの管理に必要なスキルとは次のふたつ。
❶ローポイントを安定させるスイングを身につけること
❷そしてスクエア・トゥ・ジ・アークでクラブを動かすこと

**POINT**

インパクトでのフェースの向きとクラブパスはどう変えるのか。クラブの振り方を手先やカラダの動きで変える必要はない。ローポイントが安定していれば、クラブパスは調整できる。そのうえで、フェースの向きを管理すれば良いだけとなる。

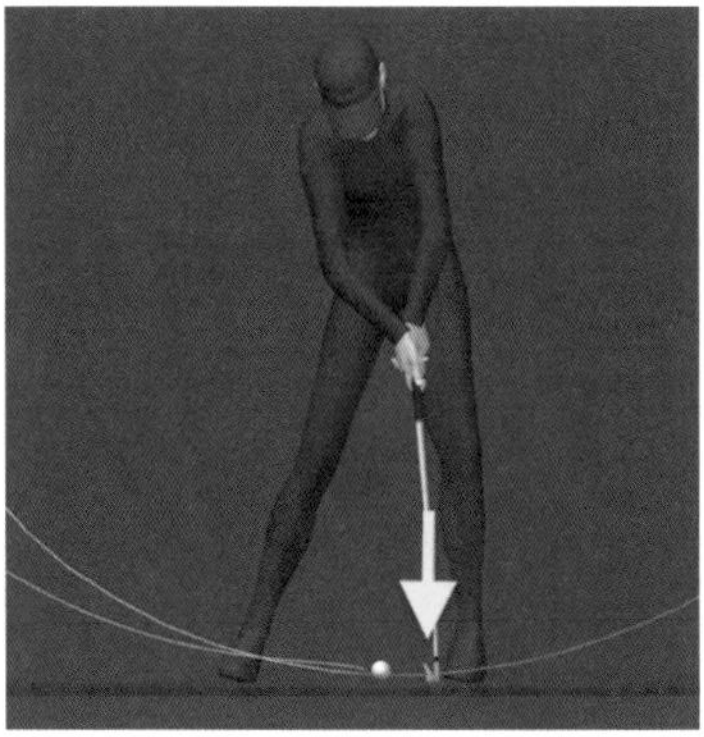

ローポイント（軌道の最下点）が左カカトの正面にくるようにすると、スイングプレーンを目標方向に向けやすい。クラブパス軌道が安定すれば、クラブパス管理の精度も高まる

ローポイントを安定させるスイングについては、宮崎の前著『ローポイント・コントロール』で詳しく説明していますが、本書でも内容を抜粋し、身につけるためのキーポイントを紹介していきます。ローポイントを意図した位置にコントロールでき

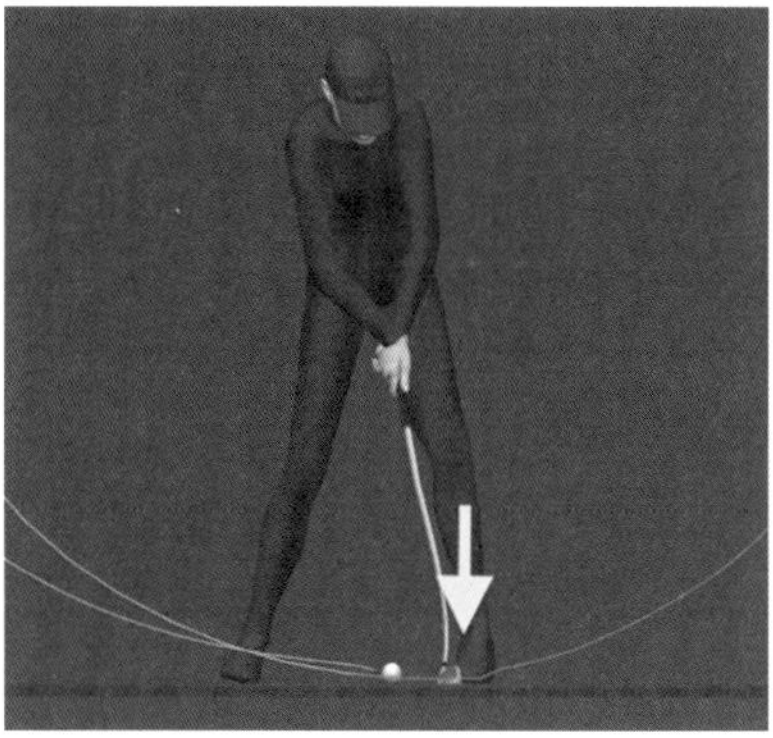

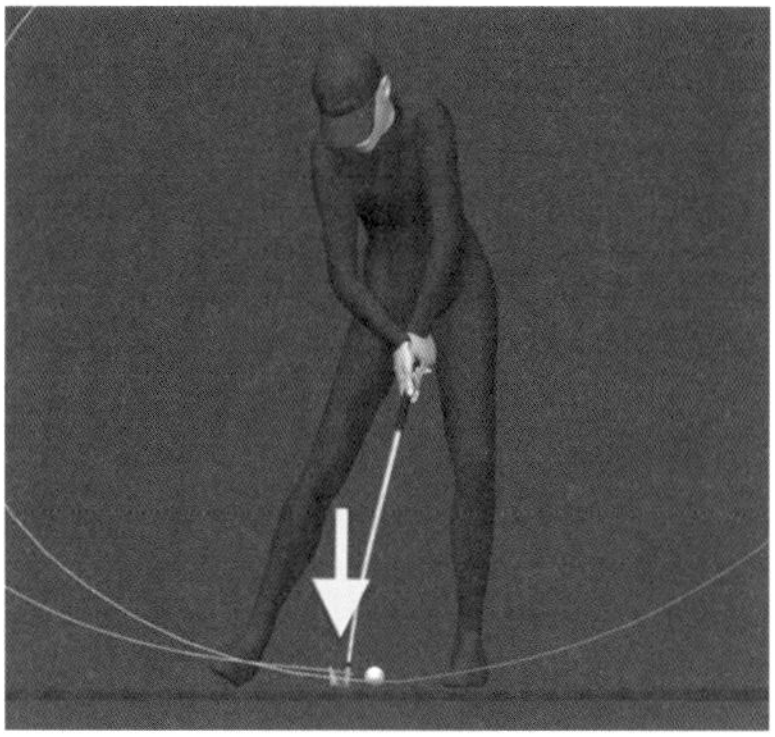

スイングプレーンの方向が左に向く（アウトサイド・インになる）と、ローポイントは左に移動する

スイングプレーンの方向が右に向く（インサイド・アウトになる）と、ローポイントは右に移動する

るスイングなら、クラブパスは管理できます。そしてクラブパスに対して、フェースの向きがあまり変わらずに動かせるスクエア・トゥ・ジ・アークの動きを身につければ、インパクトでのフェースの向きも管理できるということです。この動きを身につけるためのチェックポイントも説明していきます。

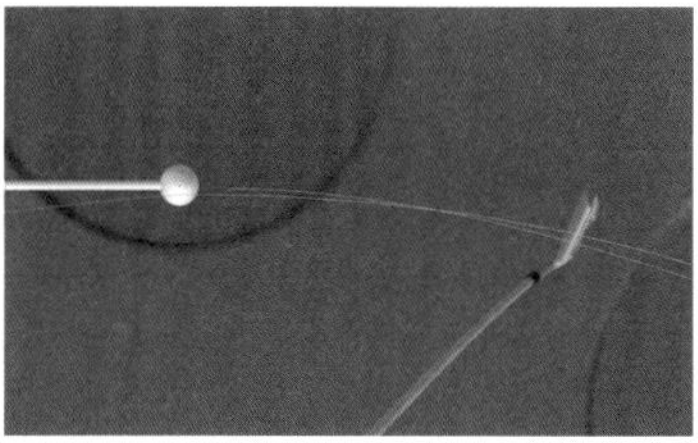

スクエア・トゥ・ジ・アーク。軌道に対してフェースがスクエアな状態を保ってインパクトゾーンを通過する。インパクト前後のフェースの向きの変化がごく小さくなるため、「インパクトでのフェースの向き」が安定する

**「スクエア・トゥ・ジ・アーク」とは、**
**軌道に対してフェースをスクエアに保って**
**振っている状態のこと**

# クラブパスの向きを変えるのは
# カラダの動きではなく、
# ボールの位置と構える向き

スイングプレーンの向きが目標を向くスイングでは、ローポイントが左足カカトの前にくる。そのようなスイングをする場合、ローポイントにボールがあれば、クラブパスは真っすぐ目標に向き（0パス）、ボールをローポイントから左右に動かすと、クラブパスも目標の左右に向く。

アイアンならば一番打ちやすいボールの位置は、ローポイントの手前。ダウンブローで打つためだ。そこではクラブパスはインサイド・アウト。しかし、ボールの位置を変えず、構える向きを少し左にズラせばクラブパスは0パスになる。

## POINT

球筋を打ち分けるために必要なことは、クラブパスとフェースの向きを必要に応じて変えることでした。ローポイントが安定したスイングならば、ボールの位置と構える向きを変えることで、クラブパスを必要に応じた向きにすることができます。これが、ショット・シェイピングのキーポイント。球筋の打ち分けのために、カラダの動きを変える必要はありません。

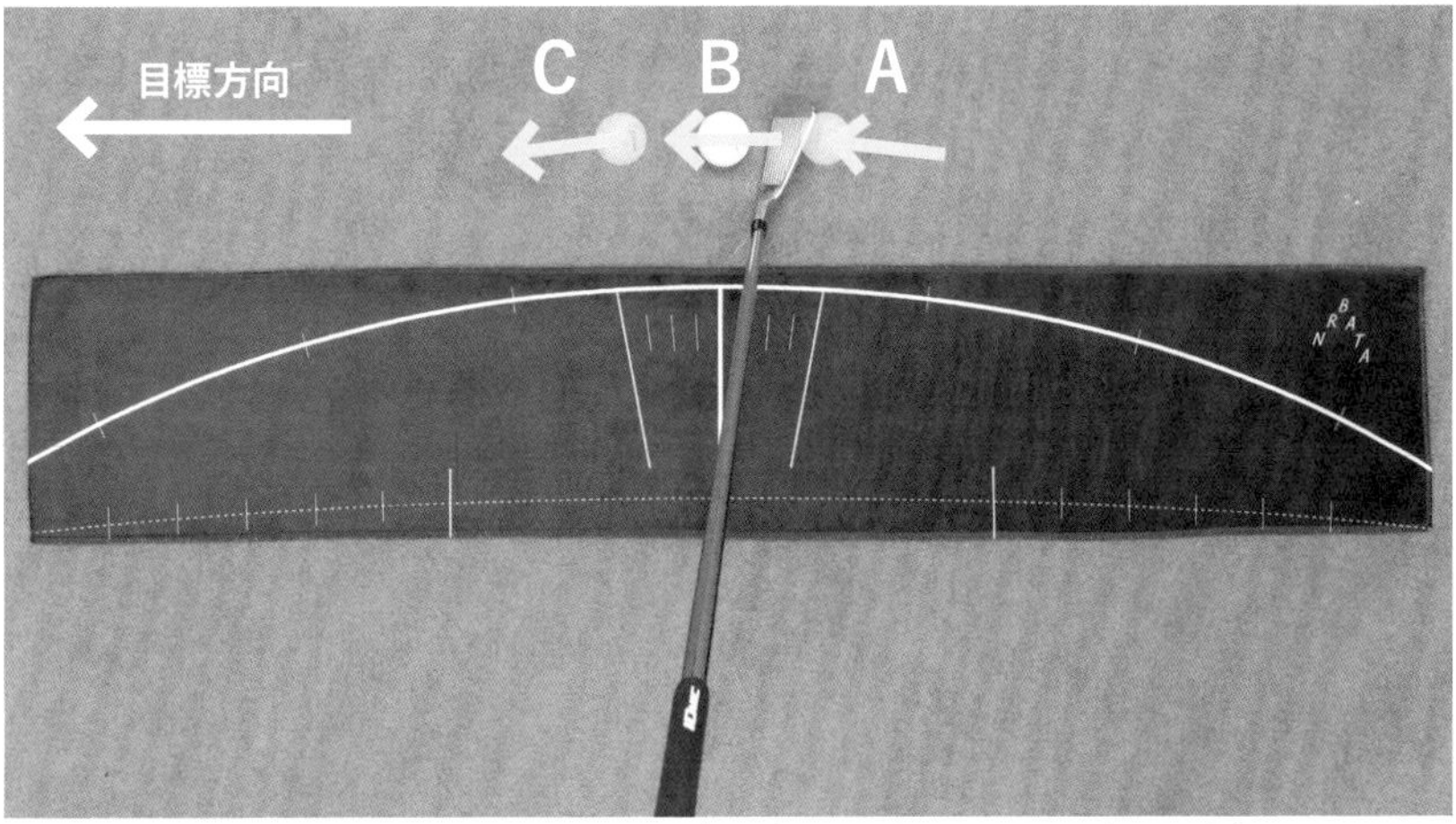


ローポイントが安定したスイングならば、ボールの位置でクラブパスが決まる。ローポイントにボールを置けば0パス（B）、ボールを右に置けばインサイド・アウト（A）、ボールを左に置けばアウトサイド・イン（C）となる

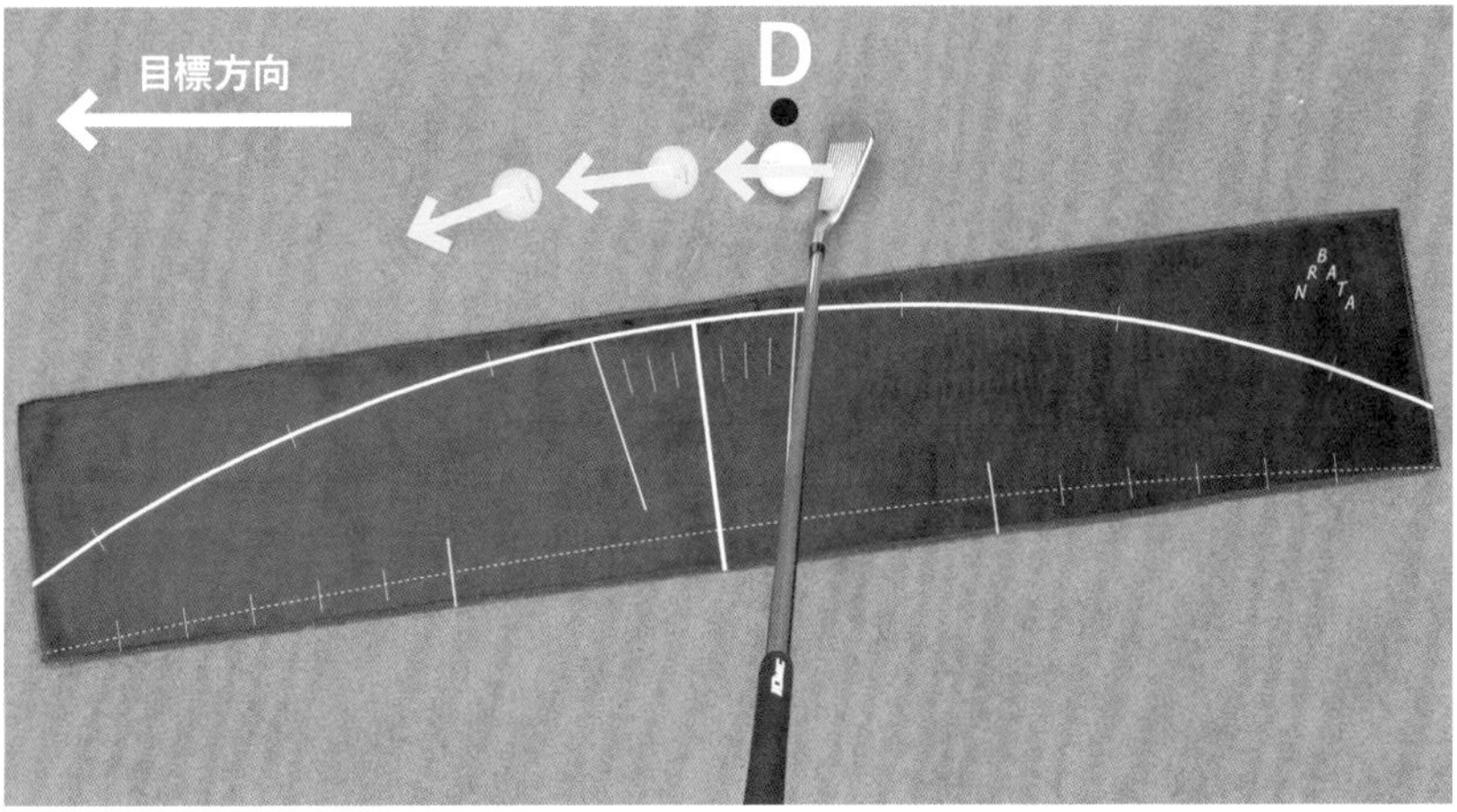


アイアンならばローポイントの手前にボールを置く。その位置でスクエアに構えていればクラブパスはインサイド・アウト（A）。だが、構える向きを少し左に向けると0パス（インサイド・アウトでもインサイド・インでもない状態＝D）になる

# 球筋の打ち分けに必要なフェースの向きの調整はスクエア・トゥ・ジ・アークでやさしくなる

スクエア・トゥ・ジ・アークの動きが身につくと、フェースの向きをアドレスでスクエアにセットすればローポイントでフェースはスクエアになる。ボールが右にあればフェースはオープン、左ならクローズ。動きを何も変えなくても、フェースの向きを管理できる。

**POINT**

ボールの位置を変えなくても、フェースの向きを変えることができる。グリップの握り方と構える向きの設定を変えれば良い。それによって、目標に対する向きとクラブパスに対する向きを同時に調整することができる。

スクエア・トゥ・ジ・アークのスイングならばフェースの向きのコントロールは自由自在です。クラブの向きを変えずに振るためのチェックポイントを本書の中で紹介しています。ショット・シェイピングのために、スクエア・トゥ・ジ・アークの動き方を身につけてください。

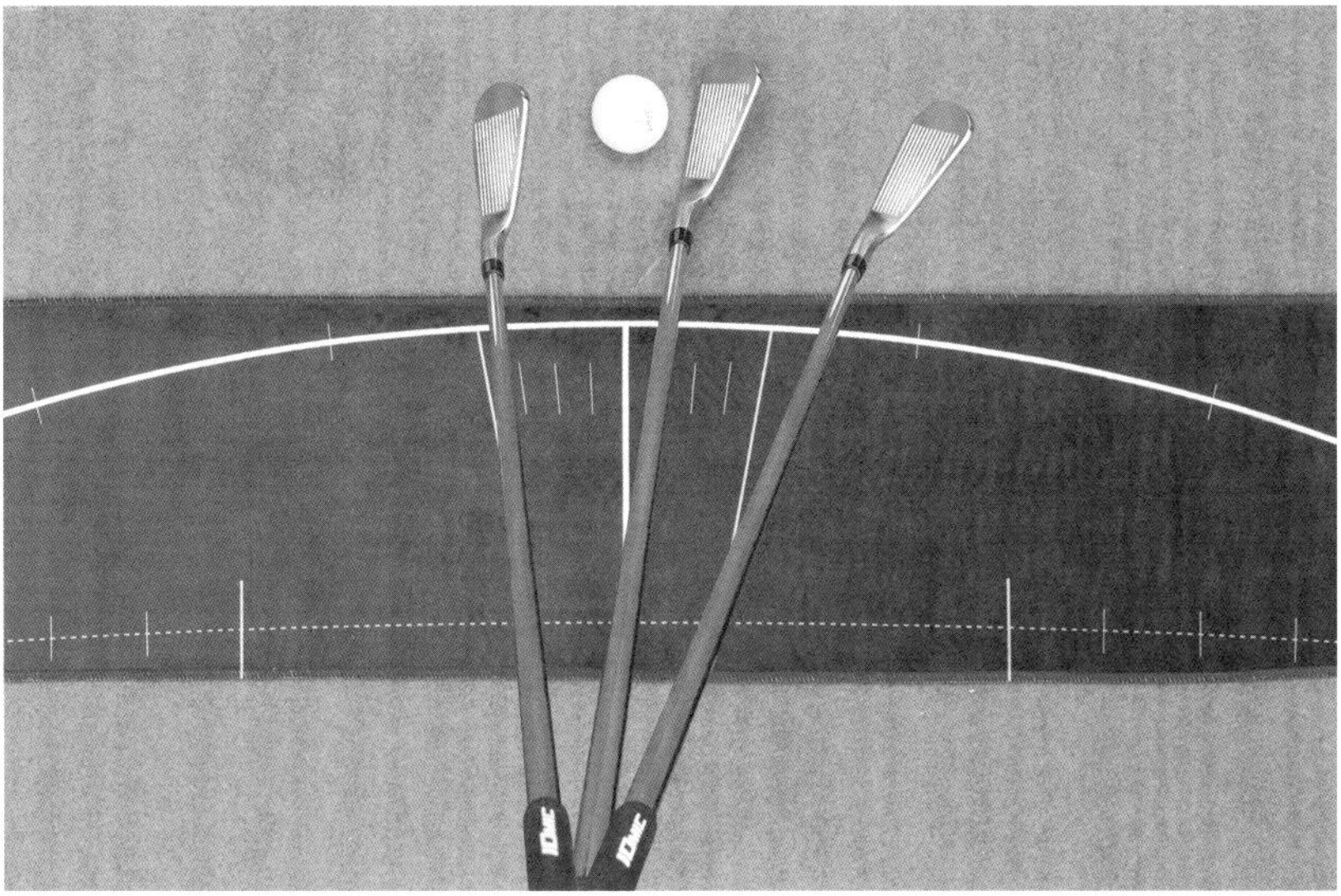

ローポイントでフェースがスクエアになるようにグリップをつくっておけば、ローポイントの手前ではフェースは目標の右を向き、ローポイントの先では左を向く。どちらもスクエア・トゥ・ジ・アーク（軌道に対してスクエア）であっても目標に対しては左右を向くことに注意

スクエア・トゥ・ジ・アークの動きを身につけるためのチェックポイント。バックスイングでクラブが水平になったとき、トップの位置、ダウンスイングでクラブが水平になったときなど。フェースが適切な向きになるためのカラダ、腕、手首の動かし方を見つけよう

# フェースの向きとクラブパスに関しての9つの組み合わせを身につけていく

POINT

9つの球筋を打ち分けるためには、フェースの向きとクラブパスの組み合わせを「3×3」で設定する。その仕組みを理解し、覚えたら、ローポイントをコントロールして振るだけ！

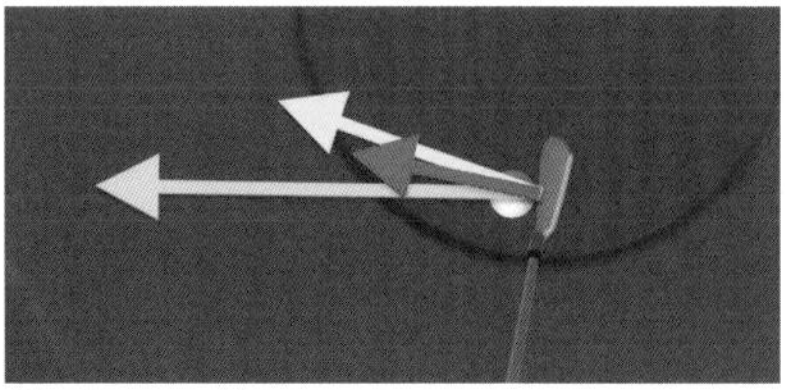

**❸プッシュドロー**
目標の右に打ち出して左に曲がる
（フェースの向き＝右、フェース・トゥ・パス＝左）

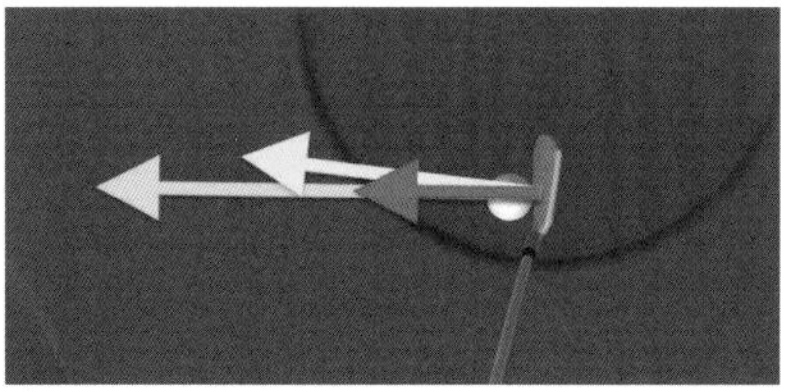

**❻ストレートドロー**
目標方向に打ち出して左に曲がる
（フェースの向き＝ストレート、フェース・トゥ・パス＝左）

9つの球筋は、フェースの向きとクラブパスの向きの関係を9通りにつくることで打ち分けができます。打ち出し方向で3方向（ターゲットへ真っすぐ、ターゲットの右、ターゲットの左）に分かれ、それぞれの方向で3つの進み方（打ち出し方向のまま真っすぐ、打ち出し方向から右に曲がる、打ち出し方向から左に曲がる）をするため、3×3で9通りとなります。それぞれの球筋を打ち出すのに必要なインパクトでのフェースの向きとクラブパスに対するフェースの向き（フェース・トゥ・パス）は写真であげたとおりです。本書でじっくりと説明していきます。

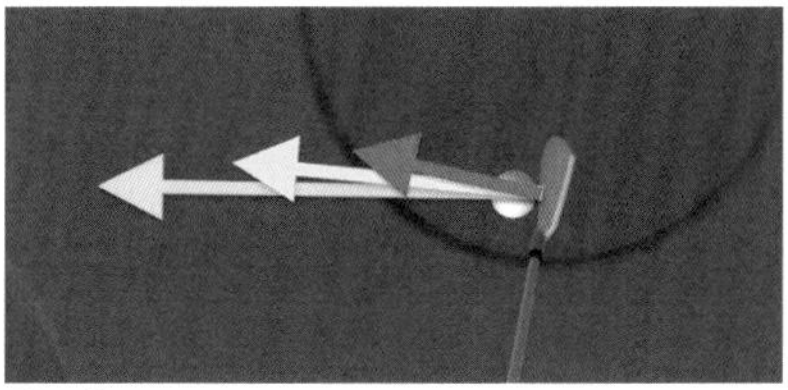

**❶プッシュスライス**

目標の右に打ち出して右に曲がる
（フェースの向き＝右、フェース・トゥ・パス＝右）

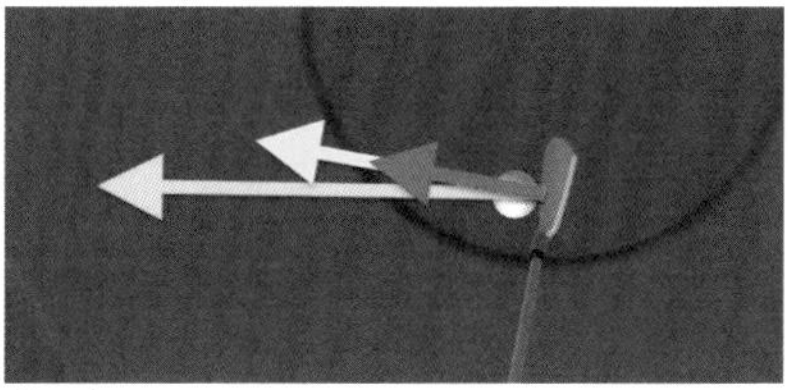

**❷プッシュストレート**

目標の右に打ち出して真っすぐ飛ぶ
（フェースの向き＝右、フェース・トゥ・パス＝ニュートラル）

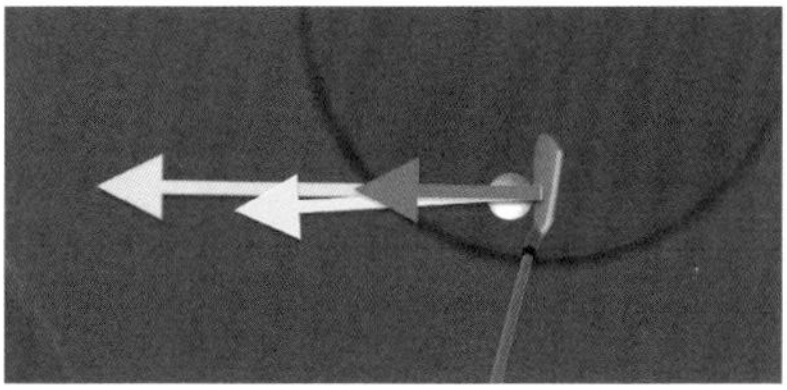

**❹ストレートフェード**

目標方向に打ち出して右に曲がる
（フェースの向き＝ストレート、フェース・トゥ・パス＝右）

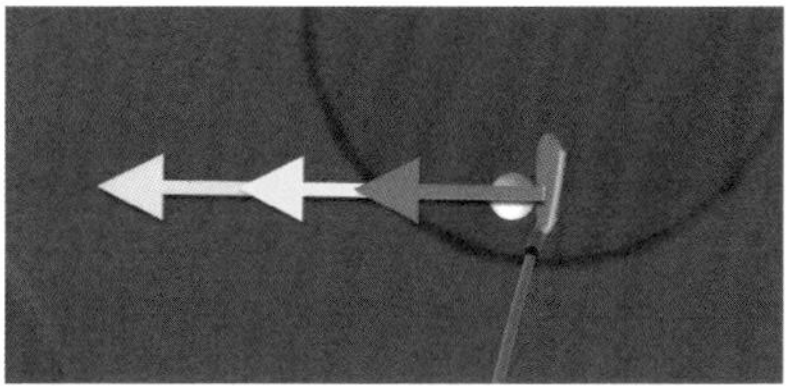

**❺ストレート**

目標方向に打ち出して真っすぐ飛ぶ
（フェースの向き＝ストレート、フェース・トゥ・パス＝ニュートラル）

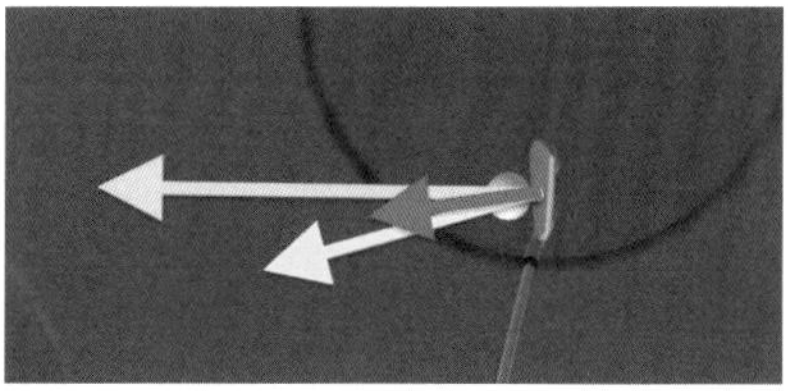

**❼プルフェード**

目標の左に打ち出して右に曲がる
（フェースの向き＝左、フェース・トゥ・パス＝右）

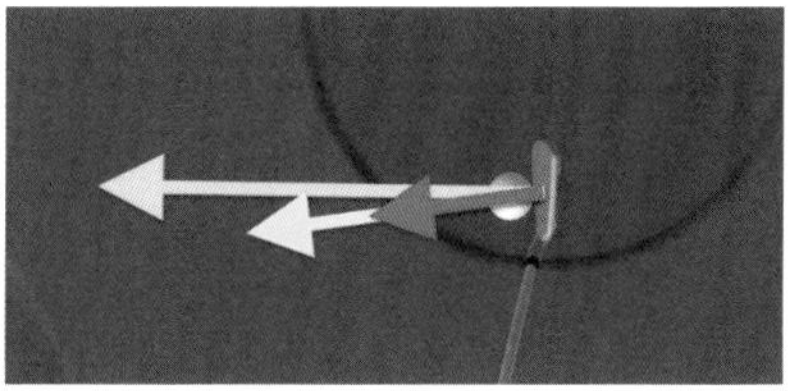

**❽プルストレート**

目標の左に打ち出して真っすぐ飛ぶ
（フェースの向き＝左、フェース・トゥ・パス＝ニュートラル）

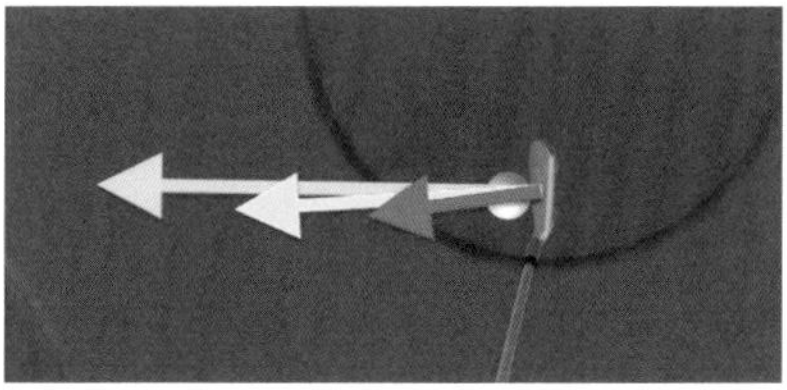

**❾プルフック**

目標の左に打ち出して左に曲がる
（フェースの向き＝左、フェース・トゥ・パス＝左）

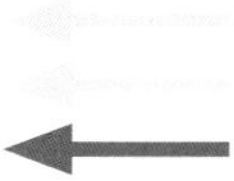

**目標方向**
**クラブパス**
**フェースの向き**

**「フェース・トゥ・パスがニュートラル」とは、フェースの向きがクラブパスの向きと一致していること**

# ローポイントを安定させるために左肩の真下に左足カカトがくる軸で振る

スイングアークの中心が左肩の下あたりになるため、ローポイントはその真下にある左カカトの正面になる。言い換えるとクラブを動かす円の中心の真下が、円弧の最下点になる。

**POINT**

おすすめするスイングは、頭を動かさないでバックスイングし、切り返した直後に体重移動は完了し、左肩が左足の上にきて、その位置で振り抜くという流れのスイング。

左肩の位置が変わるようなスイングでは、ローポイントは安定しなくなります。そのため、肩の位置を左右に動かすような体重移動は抑制したほうが良いでしょう。同じ理由で、上半身を過剰に傾けることも避けます。また、手首を過剰に使ってすくい打つような動きをしたり、ハンドファーストの形をつくろうとしすぎることも、ローポイントが安定しなくなる原因となるので避けましょう。ローポイントを安定させ、振る方向も適切にするスイングの身につけ方を解説していきます。

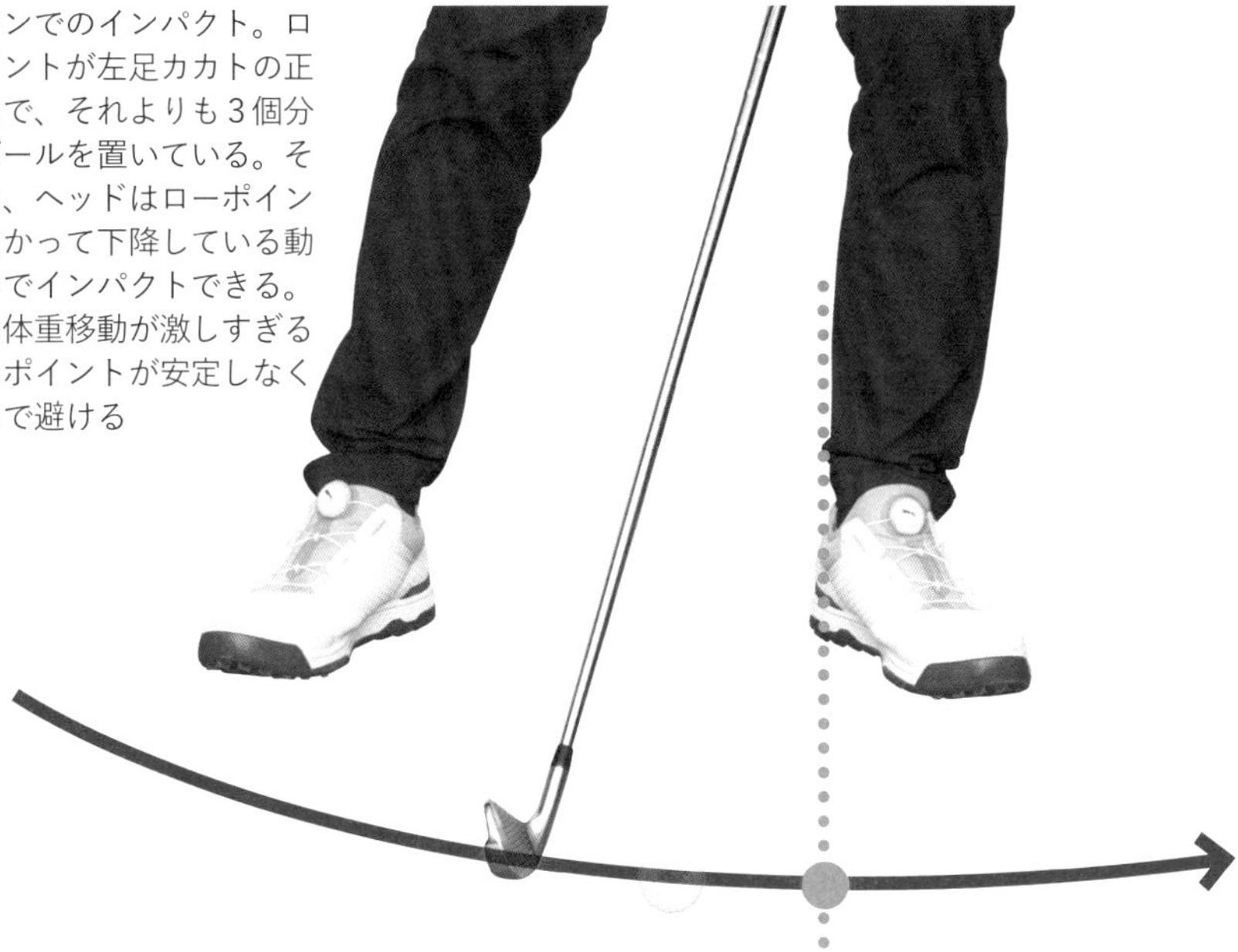

アイアンでのインパクト。ローポイントが左足カカトの正面なので、それよりも3個分右にボールを置いている。そのため、ヘッドはローポイントに向かって下降している動きの中でインパクトできる。左右の体重移動が激しすぎるとローポイントが安定しなくなるので避ける

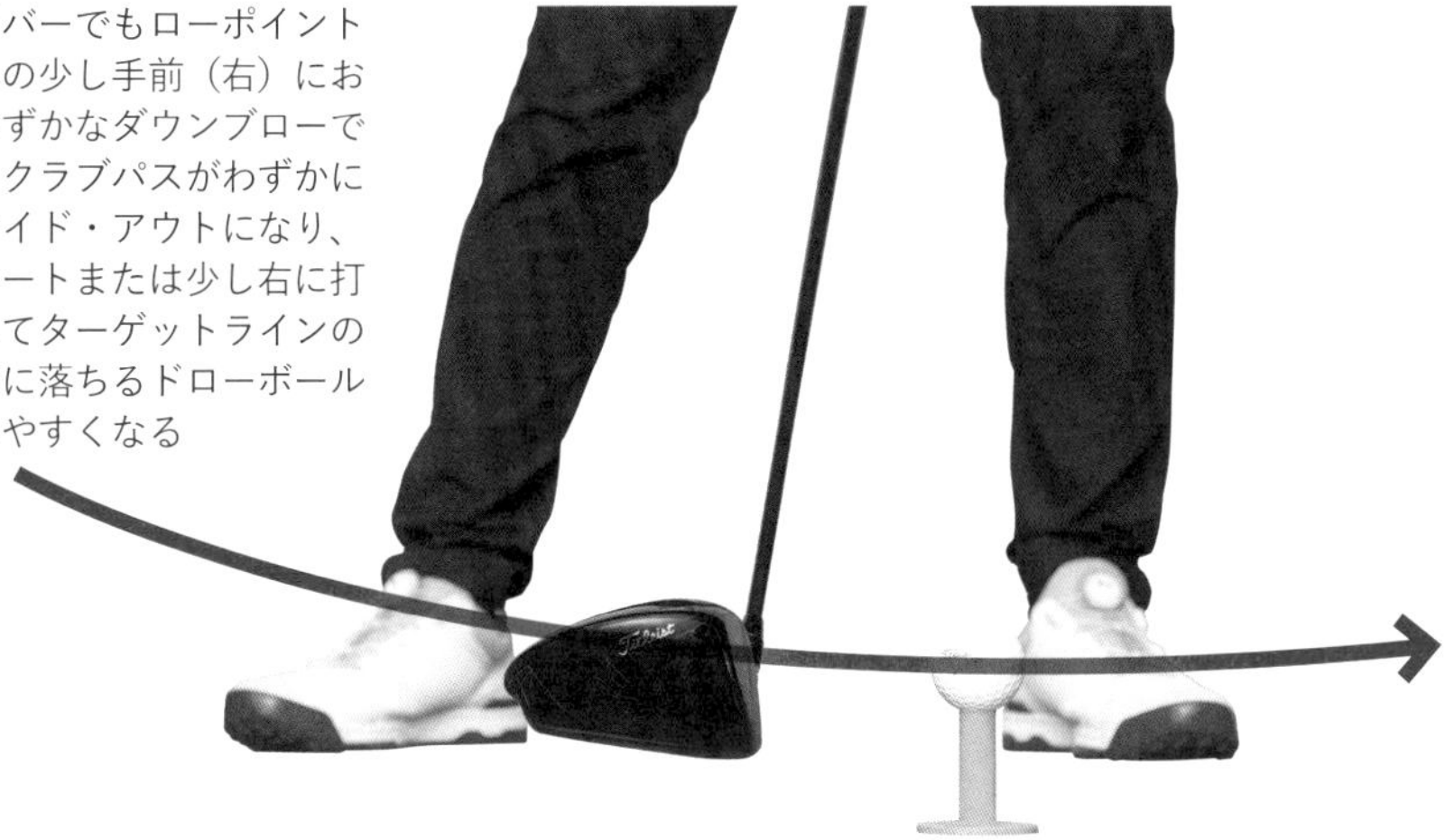

ドライバーでもローポイントのほんの少し手前（右）においてわずかなダウンブローで打つ。クラブパスがわずかにインサイド・アウトになり、ストレートまたは少し右に打ち出してターゲットラインの少し左に落ちるドローボールが打ちやすくなる

# 9つ球筋はどれもミスではなく どの球筋にも用途がある

## プッシュスライスの利用価値

**POINT**

9 つの球筋で最も使えなさそうなプッシュスライスだが、
実は打球をグリーンに最も止められる球種になり得る。
やみくもに打ってもコントロールできるようにはならないが、理屈を理解し、曲がりの幅などを計算できるようになると頼れる強い武器になったりする。

ゴルフコースでは多様な状況に直面します。その際、9つの球筋を打つことができれば、攻略がやさしくなったり、安全に進む確率が高くなったりします。「こんな状況では、あの球が打てなかったらお手上げだ」ということを避けられるわけです。そのためにも、9つすべてが打てるようにしておくこと。それが、スコアをエキスパートレベルに高めていくための一番の近道となるのです。

# プッシュストレートの
# 利用価値

## POINT

たとえば、グリーンの左側に池、右から左へ風が吹いている状況。
ピン方向へ真っすぐ打つと風に流される、
しかし右を向いて構えるのは「気持ち悪い」という場合、
真っすぐ向いてプッシュスライスを打つという選択肢がとれる。
無風なら実線のような弾道になるはずが、
風に乗って点線の弾道になると計算したプレー。
メンタル的なストレスが少なく、
ピン方向にボールを運ぶことができる。

# ショット・シェイピングの精度はシミュレーターを使って高められる

**POINT**

シミュレーターを使って、第1段階は、出球の方向の精度を高める。第2段階は、サイドスピン量の調整。第3段階で、狙いどおりの方向に飛び出させて、狙いどおりの曲がり方をする球筋に仕上げる。

❶ 打ち出し方向を安定させる

❷ 曲がり方を安定させる

❸ ❶と❷を合体させる

シミュレーターを活用すれば、狙いどおりの球筋の打ち分けの精度を高めていけます。まずは、9つの球筋を打ち分けられるかを確認。そして、サイドスピンの量を確認し、精度を高めます。さらにバックスピン量を自在にコントロールできるようにしておくと、エキスパートレベルのゲーム運びができるようになります。

# まえがき

## ■宮崎太輝から本書を読むみなさまへ

# ゴルフを学ぶために必要なものとは

　ゴルフを上達するために、何が必要か。それは、正しい情報をつかんで、妥当な取り組みをしましょうということに尽きると思います。

　今の時代、多くの方がＹｏｕＴｕｂｅで発信している情報を見ることができます。本当にいろいろな人が、それぞれの「理論」を唱えていますが、それ自体は良いことだと思っています。ゴルフは自由なものであるべきだと思うからです。

　そのような環境の中で多くの人は、あれも見て、これも見て、と次々とさまざまな情報源から、消化できないぐらいの情報量を頭とカラダの中に入れてしまい、情報を処理できていない状態に陥っているように見えます。仮に選んだ情報が正しいものであったとしても、このような状態では、それがかえって上達の妨げになっているとさえ言えます。

「こういうふうにカラダを動かすんですよ」という話をＹｏｕＴｕｂｅで見て、練習場で試してみる。ですが、すぐにはうまくいかず、ボールもまともに飛ばないものです。そこで、「原因はこういうことだから、ここでこっちに回して」という具合に自分で推測して修正しようとしています。しかし、私たちから見てみれば、「そこを修正しようとして、仮に意図どおりにカラダを動かせるようになったとしても、打球のその症状は直らないだろうなぁ」というケースばかりです。

　その打球が出ている原因は、インパクトにあります。それを直すためのことを考えないといけないはずなのです。それなのにフォーム上、気になった部分に目が行ってしまい、それを直そうとしても、ミスの根本的な問題点には何の働きかけもできていないのです。

　こうした状況から抜け出るために必要なことは、正しい知識を補填することです、その球が出ているのはどこに原因があるのか、という知識。それこそが前提として、理解しておくべきことなのです。

## 正しい知識を得て妥当な取り組みをする

では、正しい知識とはなんでしょう。正しい情報というと、スイングのフォームについての情報だろうとお思いかと思いますが、実際にはそれ以前に、もっと重要な情報があって、それを多くの方々は理解されていないなと感じています。

ボールが思うように飛ばせない直接の理由というのは、インパクトの瞬間に、ボールとヘッドがどのような状態で当たっていたのか、ということの中にあります。今の時代はもう、こういうふうにヒットしたらこういう球が出るね、ということが、全部説明がつく時代になっているのです。ですから、それをまず知って、理解していただきたいと思います。

インパクトのあり方と打球結果の関係を知ってもらってから、次はそれを生んでいるカラダの動きやフォームといったことを考えたり、修正すること、さらにはそれをプレーにおいてうまく使っていくという応用につなげていけばいいのだと思います。

その時点においては、自分のゴルフの上達のための道筋を効率良く組み立てていく思考力が求められていると考えます。つまり、妥当な取り組み方というものを考える力です。

限られた時間と予算の中で、上達するためには、適切な知識があったほうがいいのは確かです。そしてその知識を元に、どのようにして上達していくかということを組み立てていく力が必要となることも間違いありません。このふたつを身につけていただくために、この本でさまざまなことを説明していきたいと思います。正しい知識については第1章と第2章で。これはシンプルな物理的な法則なので、あっさり説明できてしまいます。そしてその活用法については第3章から多角的に説明していきます。

### ■渡邉隆介から「まえがき」に代えて

## 球の曲がりをコントロールできるようになる本

すでに解明されたゴルフスイングと打球結果に関する法則を知ることで、みなさんにどうなっていただきたいのか。それは、球の曲がり方をコントロールできるようになっていただくということです。そのために本書で説明していくことは、次の内容です。

球の曲がりのメカニズムを知ること。

自分の現状を把握するために必要な知識を身につけてもらうこと。

知識を得たうえで、自分に当てはまるものが何かを知ってもらうこと、もし現在の曲がりを直したい場合は、その直し方を知ってもらうこと。

理解した直し方を駆使して、自分でいつでも修正できること。

意図どおりの弾道を安定して出せることが究極的な理想ですが、実際にはそこまで至らずとも、単に意図した弾道と実際に出ている弾道のギャップを小さくすることができれば、コントロールするスキルが身についたということと考えています。

このスキルを身につける過程について、実際のレッスンでの経験を踏まえて、本書でできる限り具体的に説明していきたいと思います。

これができるようになると、自分の予測できる範囲で球を曲げて、「ターゲットに向かって打っていく」ことができるようになります。自分の持てる技術を使って、コースの目の前の状況に対応していくことができます。一打ごとに異なる状況に対応し、ターゲットに近づける球筋を獲得するために今、自分に不足していること、必要なことは何なのかを把握し、ゴルフの総合力を高めていっていただければと思います。

*Shot Shaping* **CONTENTS**

# 球筋とスコアをデザインする
# ショット・シェイピング

第1章

*Shot Shaping*

# 正しい知識を得ることから<br>スイングづくりを始める

1▼1

# クラブの設計コンセプトを理解して クラブの動かし方を考える

ゴルフスイングは、クラブを操作する作業です。ですから、まずクラブ自体が「どのように動かすものとして設計されているのか」を知ることが必要です。そして、その設計のコンセプトに沿った動かし方をする必要があるのです。

設計どおりの振り方とはどういうものかというと、2点、大切なことがあります。

1点目は、ゴルフクラブの「ライ角」。ヘッドに対してシャフトが斜めについている角度です。この角度を活かさないと、ヘッドの芯をボールに当てることはとても難しくなります。スイングでは、この角度を活かすために、ライ角に沿って斜めに振ることが求められています。

斜めに振るべき理由はふたつあります。まずひとつは、適切な斜め度合いよりも縦に振るとクラブのヘッドがボールに入る角度（入射角）が著しい鋭角になってしまうこと。

もうひとつの理由は、適度な斜め度合いで振らないと、打球結果に直接つながるクラブフェースの向きのコントロールが難しくなることです。縦振りすぎると下ろしてくるときにクラブのフェースが開いてしまう。逆に横振りすぎるとシャットな状態になってしまう。そういう力がはたらくため、コントロールが難しくなってしまうのです。

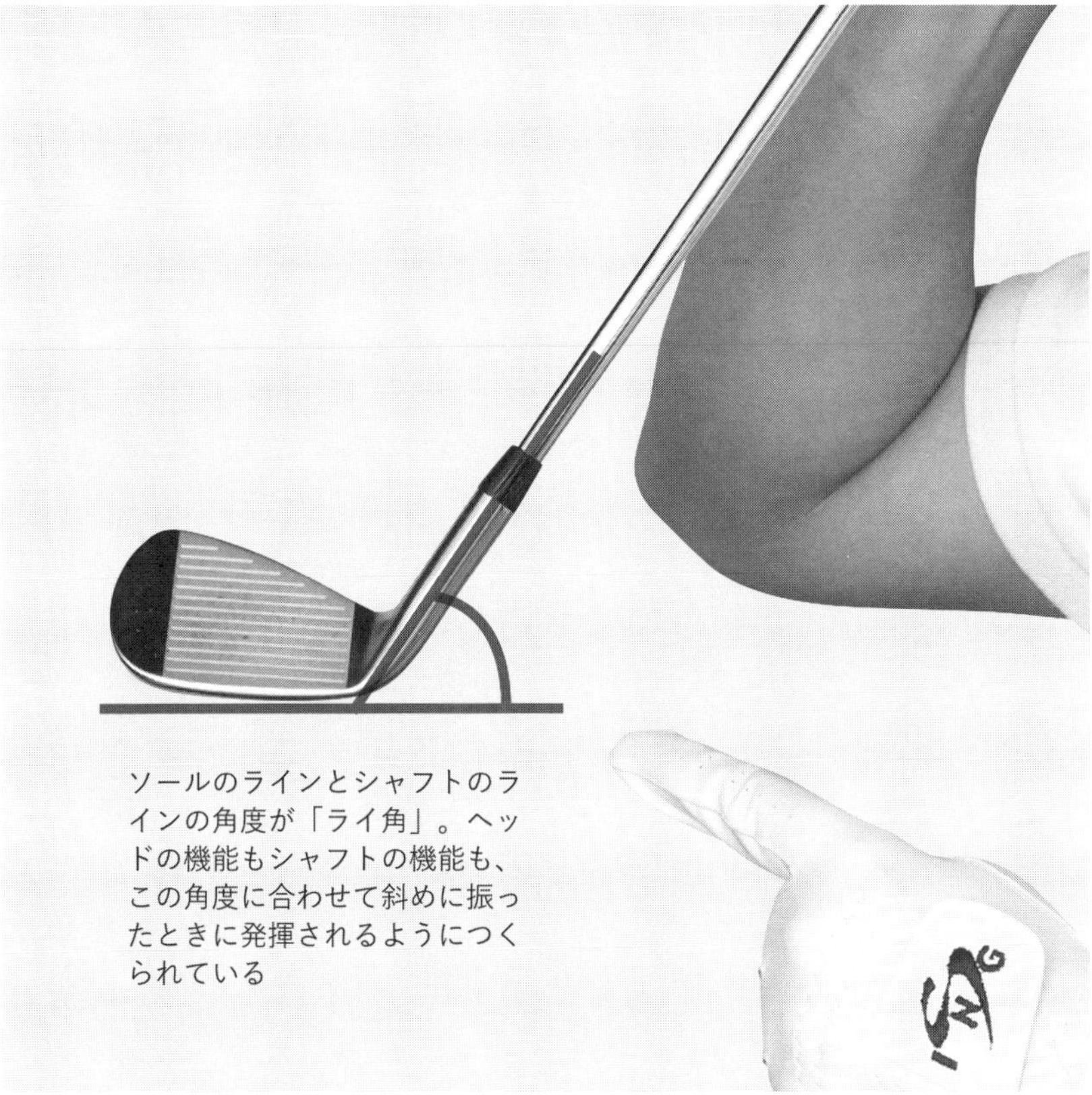

ソールのラインとシャフトのラインの角度が「ライ角」。ヘッドの機能もシャフトの機能も、この角度に合わせて斜めに振ったときに発揮されるようにつくられている

番手ごとのライ角に合わせて振ることが大切。そのために構える際の前傾角度が変わり、スイングプレーンの傾きも変わる

1▼2

## 設計どおりに振るという意味―その2 振る向きをターゲットに向ける

クラブを設計コンセプトどおりに使うという意味の2点目は、振る方向をターゲットに向けることです。ダウンスイング中のヘッドの軌道によって構成される円弧を目標方向に向けることが大切なのです。

振る向きが目標に対して向かっている場合が、適切な向きです。それ以外のパターンとしては、ターゲットより右を向いているか、左を向いているか。それぞれ一般的には、インサイド・アウト、アウトサイド・インと言われる向きです。

正しく目標の方向に向かって振るのがなぜ良いかというと、スイングするヘッドの軌道の最下点（ローポイント）を正しく把握しやすく、また、それによって理想の位置＝左足カカトの前で安定させやすいからです。振る向きが右にズレるとローポイントも右に、振る向きが左にズレるとローポイントも左に移動してしまいます。

ローポイントについてはあとで詳しく説明しますが、この位置に対してボールを置く位置を変えることがショット・シェイピングにつながってくるため、ローポイントを安定させることや意図どおりの位置にすることが技術的に非常に重要なポイントとなっています。

クラブを振る向き、つまりヘッド軌道の円弧を目標に向けることが、クラブの設計コンセプトに沿った使い方の重要ポイント

スイングプレーンを目標に正確に向けることができるということは、意図していたローポイントになるようなスイングにもなっているということ。それがショット・シェイピングの基礎となる

1▼3

# クラブごとの違いに対応するために知っておきたいいくつかのこと

クラブの設計コンセプトに合わせた扱い方をすることについて、ここまではどのクラブにも共通のコンセプトについて説明してきました。しかし、クラブの種類ごとに異なる部分もあります。それによって使い方はどう変わるのかを知っておく必要があります。基本的にどのクラブも、良い球を打つためにはそれぞれのクラブの設計に合わせて適切な入射角で当てることが求められます。

入射角というのは大きく分ければ、3種類になります。上から当てるダウンブロー、横から当てるレベルブロー、そして下から当てるアッパーブローです。これが、クラブの種類によって、どの当て方で打つのかを分けて設計されているわけです。

アイアンの場合は、上から当てて打つように設計されています。地面にあるボールを打つわけなので、これが一番やさしい当て方だからです。

ですからアイアンは、これができるように構えることが前提となります。ローポイントが左足カカトの前ならば、それよりも3個分程度右に置いて構えます。自分のローポイントにブレなく振れれば、ヘッドはボールに当たってからその先で、地面の中にある軌道の最下点に到達する振り方になります。

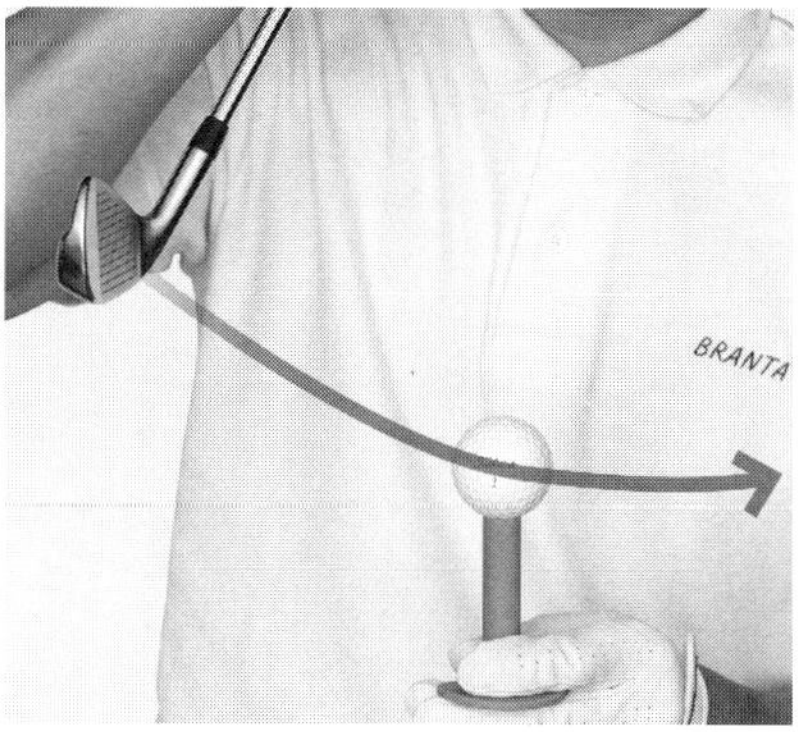


アイアンはダウンブロー、つまり上から打つ。ローポイントをボールの先（左）にすると、ヘッドの降下中にボールに当たるため、芯に当てることがやさしくなる

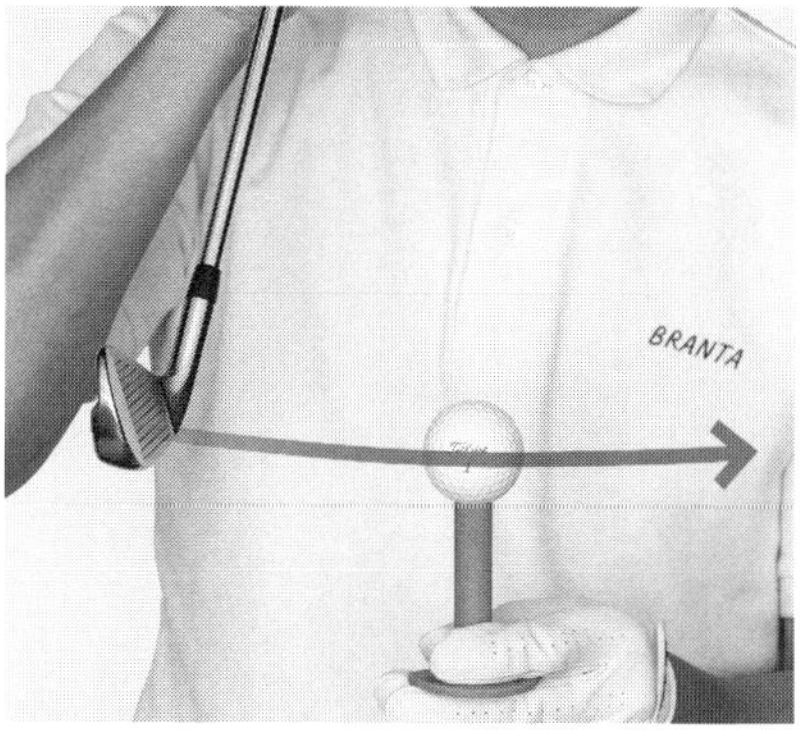


アイアンはレベルブロー、つまり横から当てる打ち方でも問題なく打てるが、多少難しくなる。ティアップして打つ場合を除き、下から打つアッパーブローは、アイアンの設計に合わない、難しい打ち方になる

**ローポイント**

7番アイアンならば4度から6度という入射角が適度。ローポイントが左足カカトの前になるならば、ボールをそれよりも3個分程度中に入れることで、自然にそのくらいの角度になる。クラブが短くなれば円弧が小さくなるので（実線）、入射角は自然に大きな角度になっていく

1▼4

# ハイブリッド（UT）とフェアウェイウッドの打ち方

ハイブリッドクラブ（ユーティリティクラブ）に関しては、形状もアイアンに近いため、アイアンと同じようにダウンブローで打ちたいと無意識に反応してしまいます。実際、ダウンブローで打って良いのですが、形状の違い、つまりソールの幅があるために、アイアンと同じ位置にボールを置いてアイアンと同じ入射角で入れると地面にバーンと弾かれてしまいます。そのため、アイアンの位置よりもボールを1個ないし半個分、左足のほうに動かします。入射角が少し小さくなるので、ソールが地面を滑る感覚になり、ボールにうまく当たり、振り抜けるようになります。

ハイブリッドクラブやフェアウェイウッド（ＦＷ）はアイアン同様にダウンブローで打つように設計されていますが、レベルブローで打つこともできます。

ＦＷについては、ボールの位置がアイアンよりは左、ドライバーよりは内側（右）という表現になります。地面にあるボールを打つため、ＦＷもダウンブローに入れることが一番確実に当てる打ち方にはなりますが、5番から下（7Ｗ、9Ｗ、11Ｗなど）は横からレベルブローで打つことも可能です。幅の広いソールや重心を低くした設計によって可能になっていることです。

ハイブリッド（ユーティリティ）とフェアウェイウッドはダウンブローでもレベルブローでも対応してくれる。とくにハイブリッドはその傾向が強い。ハイブリッドの設計コンセプトが、アイアンとフェアウェイウッドの良いところを合成（ハイブリッド）したもの、という番手だからと言える

ハイブリッドとフェアウェイウッドが地面のボールをレベルブローでも芯でとらえられるのは、ソールの広さによって地面を滑る機能と、低重心設計のおかげだ

## 3番ウッドだけは特別

３Ｗだけはロフトが小さいため、ティアップしていない限りは基本的にはダウンブローで打たないと３Ｗで計算している飛距離を出せなくなります。そのため、しっかりと上から打ち込んで、シューンと弾丸のような球を出します。それが３Ｗの設計に合った振り方と言えます。払い打ってもスピンが足りずドロップするか、少しでもアッパーに入ると、刃の部分に当たって良い球になりません。

1▼5

# ドライバーをうまく打つために意図的にアッパーで当てる必要はない

ドライバーに関しては、ティアップして打つため、アッパーブローでもレベルブローでもダウンブローでも打てるクラブです。どれを意図するのも自由ですが、それぞれに合ったティーの高さはあると思います。それを自由に選べるのが、ティーアップして打つための番手であるドライバーの強みであるとも言えます。

ただ、アマチュアゴルファーの傾向として、ティーアップが高すぎるという問題があります。高すぎる場合、かち上げるようにクラブを動かさなくてはいけなくなります。そうすると、クラブフェースの自然な開閉の動きが発生しなくなり、開きっぱなしでインパクトしてしまうというエラーを引き起こすなど良いことはありません。

アッパーブローというのは、意図して上向きに振るということではない点も理解していただきたいことです。いつもと同じ振り方をしても、ローポイントの先にボールを置いておけば、自然にアッパーブローのインパクトになるわけです。

また、もうひとつの注意点として、振る向きに関して、ドライバーという番手が一番、右を向いたり左を向いたりしがちな性質を持っているということ。この点には注意していただければうまく使いこなすことができるようになると思います。

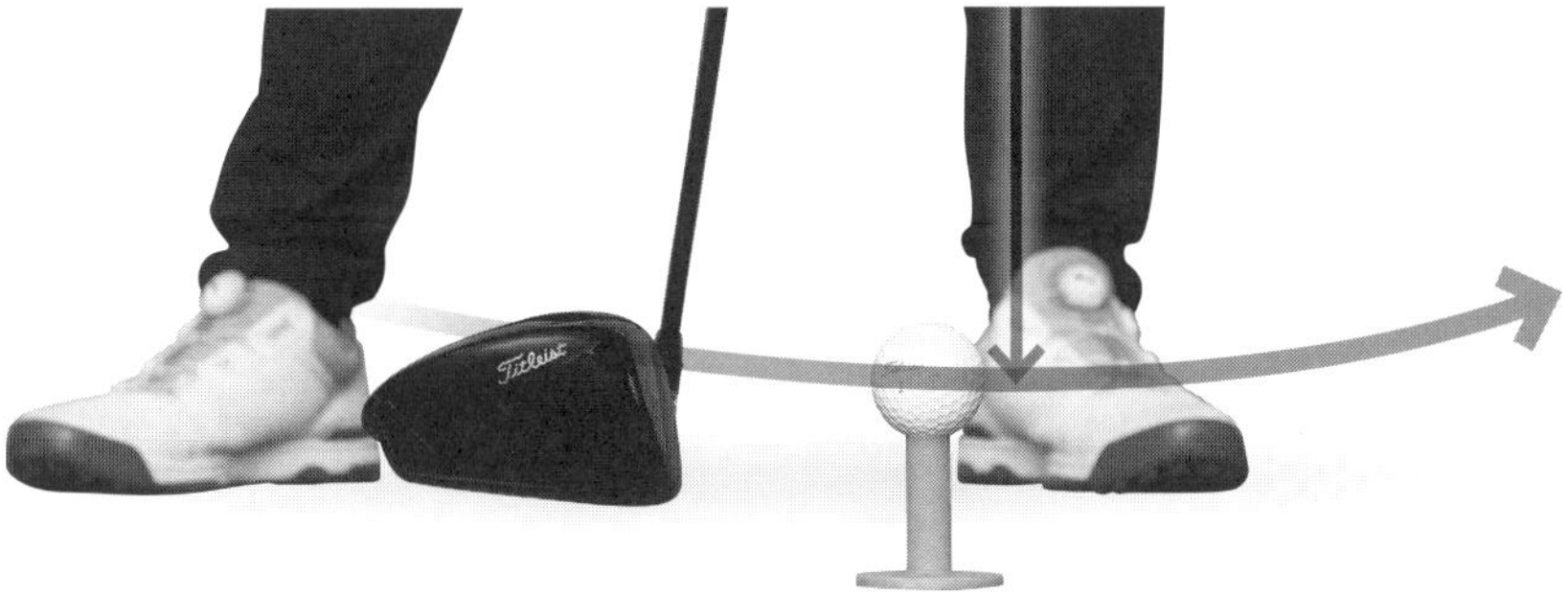

ドライバーはローポイントにボールがあればレベルブロー、ローポイントより先にボールがあればアッパーブローで当たる。スイングの動きを変える必要はない

ドライバーはターゲットに対してカラダの向きやフェースの向きに誤差が生じがち。まずはターゲットに対して適正な向きで構えるためのルーティーンをつくっておこう

## 1▼6 ドライバーの打ち方はアッパーブローだけではない

多くのゴルファーが抱いている「ドライバーはアッパーブローで打つもの」という感覚は、ある意味誤解です。私たちがおすすめするのは、「最下点のあたり、もしくはその少し手前で打つ」です。アッパーでなくて良い理由を説明しておきたいと思います。

このあと詳しく説明しますが、本書のおすすめの打ち方では、まず左足のカカトの前にローポイントを設定します。ドライバーでのおすすめは、その少しだけ手前（右）にボールを置きます。それは「ほぼレベルブローの入射角で当たればいいなあ」というイメージのセットアップになります。あとで説明するクラブパスとフェースの向きの関係上、うまく打てるとボールがちょっとだけつかまったドロー系の弾道が出ます。

しかも、アッパーブローでなくてもドライバーではある程度高めに打ち出すことができるのです。なぜならヘッドがインパクトゾーンを通過するときに、シャフトには逆しなりという現象が起きているからです。ヘッドをシャフトに対して先行させるため、フェースを上に向けてくれて、打ち出し角度が自然に高くなります。特別な操作を入れなくても、自然に高い球になるので、打球も安定する傾向があります。

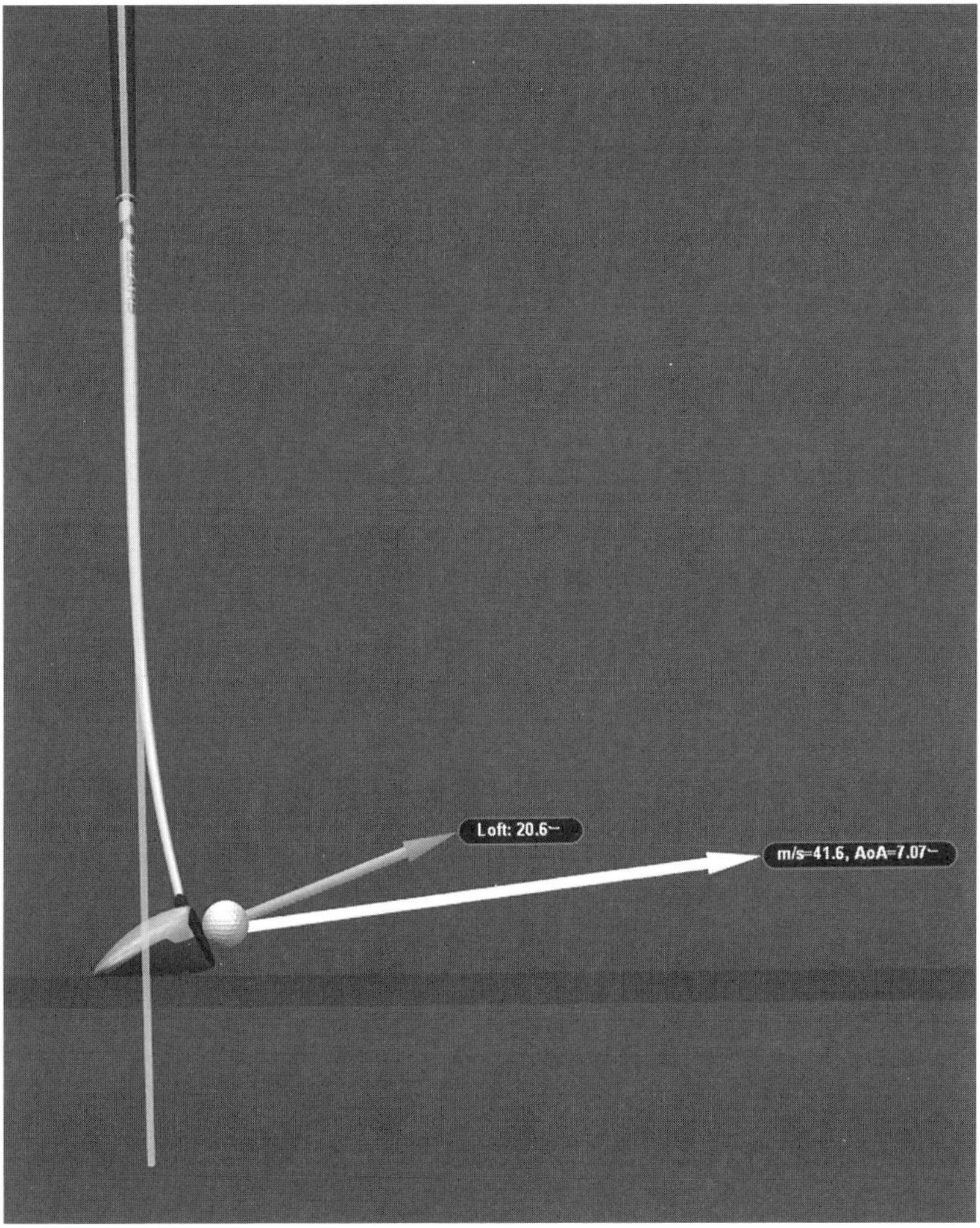


インパクトゾーンでシャフトが逆しなり（目標方向にしなること）を起こすと、ヘッドが上向きにローテーションした状態となる。これにより、ロフトが大きくなるため、打ち出しが高くなる

## 1-7 バウンスという構造のおかげで さまざまな当て方ができるウェッジ

ウェッジはアイアンの流れとして、一般的にダウンブローで打つクラブだと思われているのですが、実は少し違います。なぜなら、「バウンス」があるからです。フルスイングなどではアイアン同様、ボールをヒットした後に地面を削っていくような打ち方ができます。しかし、アプローチというシーンを考えると、それだけでは対応できる状況が限られてしまいます。アプローチは、それこそ1球ごとにボールのライも、ピンまわりの状況も違ってきますから、いろいろな弾道が要求されるわけです。だからこそレベルブローもアッパーブローも駆使してさまざまな性質の打球を出したいわけで、それに対応するための機能を与えてくれる設計がバウンスなのです。

バウンスがあることで、ヘッドがボールに入る際、リーディングエッジが地面とボールの間に入っていくより前に、ソールが地面に当たります。そしてバウンスのおかげで、ソールが地面で滑るため、ヘッドはボールと地面の間に入り込むようにしてボールを拾ってくれます。ダフることが使うための前提となっているクラブだと言えます。多くの人が「ちゃんと打たなきゃ」「ヘッドを地面より先にボールに当てなきゃ」と考えて、ハンドファーストに構えて打とうとしていますが、しばしばそれが過度になり、逆にリーディングエッジを芝に突っかけてしまうミスが出やすくなったりします。ボールを右に置くことなども同じで、自分でわざわざアプローチを難しくしていると言えます。

ウェッジは、適度なダウンブローなら大丈夫、でも過度なダウンブローはダメ。レベルブローも大丈夫。そして、アッパーブローは、芝の状況が良くてボールが浮いていればやさしい打ち方になる

1▼8

# アイアンはどの番手も左足カカトからボール3個分右で良い

ローポイントが左足カカトの正面になる私たちが基準にしているスイングをする場合、左足カカトの正面にラインを引いて、ボール位置の基準とします。

ドライバーでは、そのラインの右側にボールを置きます（左ページ❶）。

フェアウェイウッドは、それよりも1個右（❷）。

アイアンは、それよりもさらに1個右（❸）。つまり、基準のラインから3個分右です。

ボールを置く位置は、ドライバーの位置から真横に並ぶのではなく、クラブが短くなるにつれて、微妙ですが少しずつカラダに近くなります。スイング軌道は円だからです。

アイアンのボール位置について補足すると、番手が長くなるにしたがって、スタンス幅が広くなりますから、カラダの中心（実際に目の位置は中心よりも右になりますが）から見てボールの位置が左にあるように感じるのが普通です。言い換えると、番手が短くなるにしたがって、スタンス幅が狭くなっていき、カラダの中心が左足に近づいていきます。その結果、ウェッジで普通の球を打つための構えという意味で左足からボール3個分の位置に置いて構えたとしても、右足に近いという感覚にもなるものです。

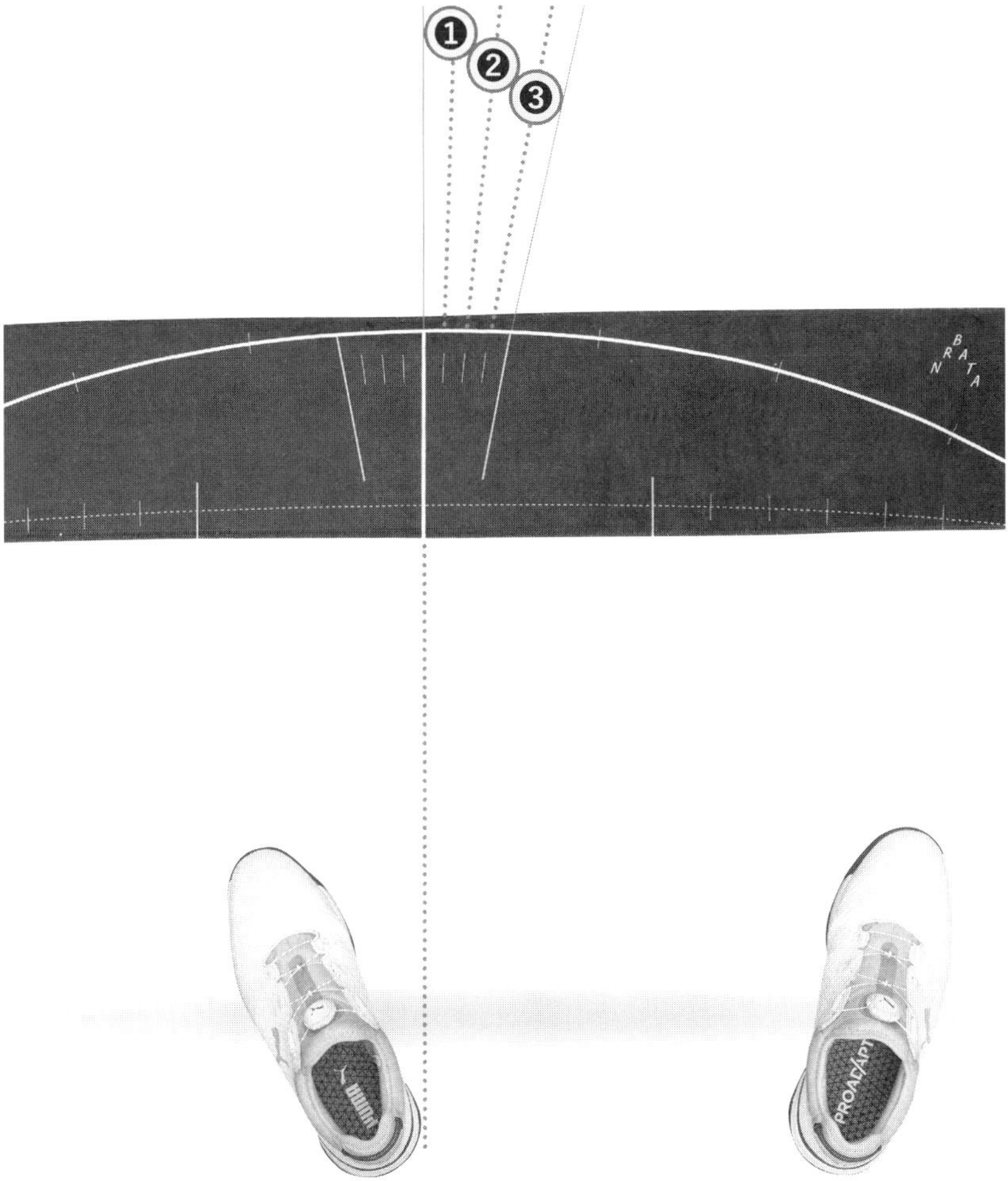


ドライバーは左足カカトのラインの右側（❶）。フェアウェイウッドはそれよりも１個右（❷）。アイアンはさらに１個右（❸）に置くのが基準。ハイブリッドはアイアンとフェアウェイウッドの中間。ただしドライバーでは、球の高さや曲がりを調整するために、ボールの位置を変える場合がある（位置に応じてティーの高さも変える必要がある）

1▼9

# 「ライ角どおりに構える」ことの落とし穴。トゥダウンを考慮する必要がある

ライ角についてみなさんに知っておいていただきたい重要なことがあります。

インパクトでライ角が適正であればフェースの向きはリーディングエッジのラインと直角になります。しかし、トゥ側のソールが浮くように構えると、たとえリーディングエッジのラインをターゲットラインと直角に、つまりスクエアにして構えたとしても、フェースの面は左を向いてしまいます。逆に、ヒール側のソールが浮くように構えると、同じくスクエアに構えたつもりでも、フェースの面は右を向いてしまいます。

それでは、構えるときにソールを地面にピタッとつければ良いかというと、それも間違いになります。ヘッドはトゥダウンといって、ダウンスイングでインパクトゾーンを通過するくらいのタイミングでは、トゥが下がる動きが生じます。その動きを考慮して、トゥ側のソールが少し浮くように構えておくことが重要です。このように構えておくことで、クラブを斜めに振りやすくもなります。

フェースの面の向きは、このあと説明する「打球の飛び方を決定する」重要な要素のひとつですから、どこを向いているかを正確に把握することはとても大切なのです。

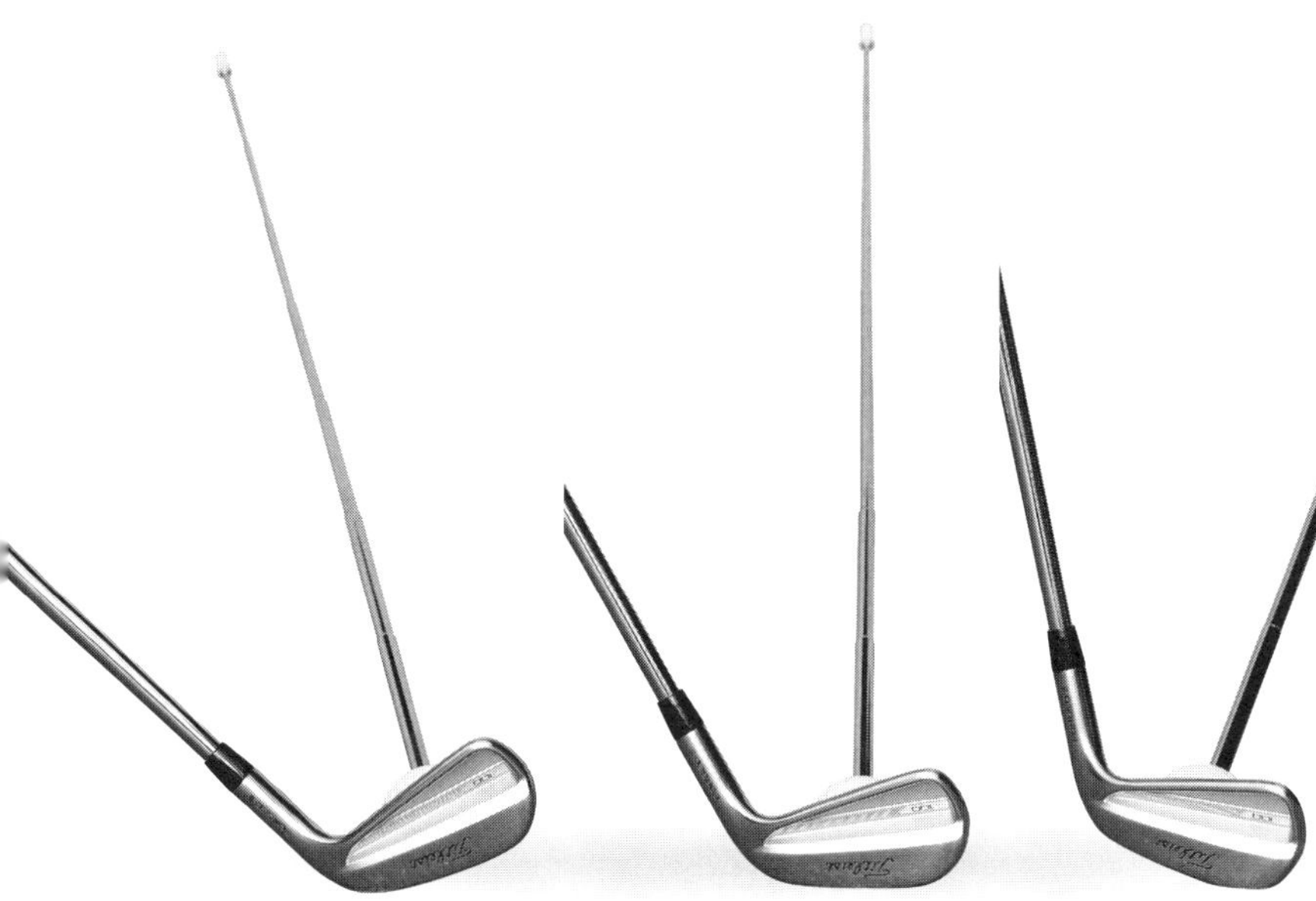

ライ角どおりにセットすると、フェースの向きは真っすぐ。リーディングエッジのラインと直角の向きになる。トゥを浮かして構えるとフェースの向きは左、ヒールを浮かすと右を向く

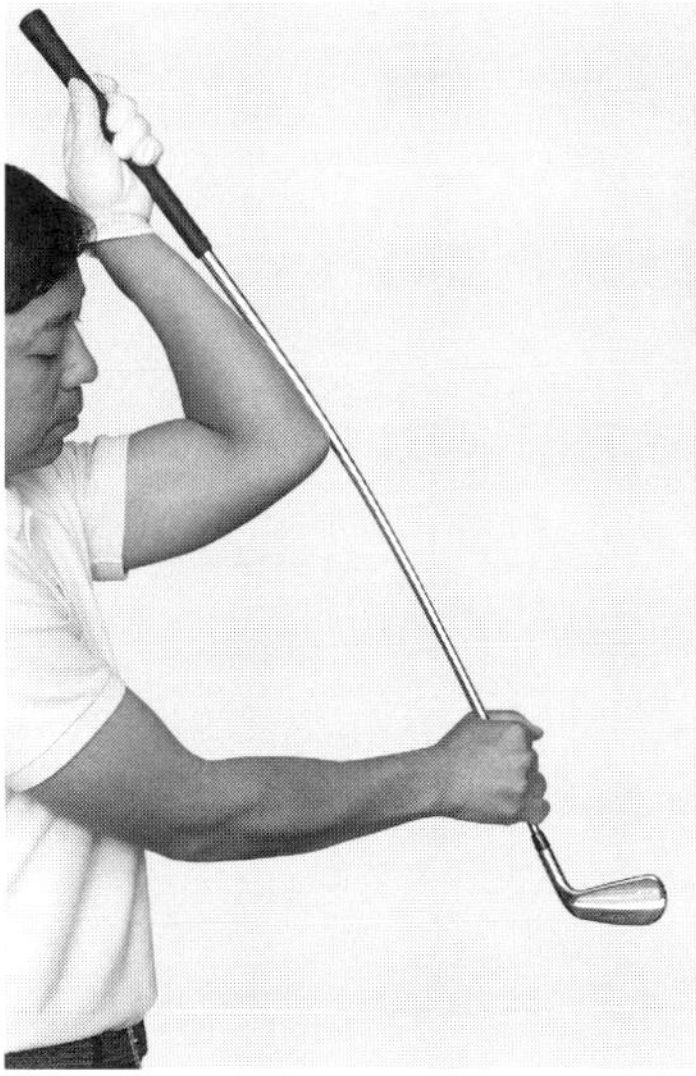

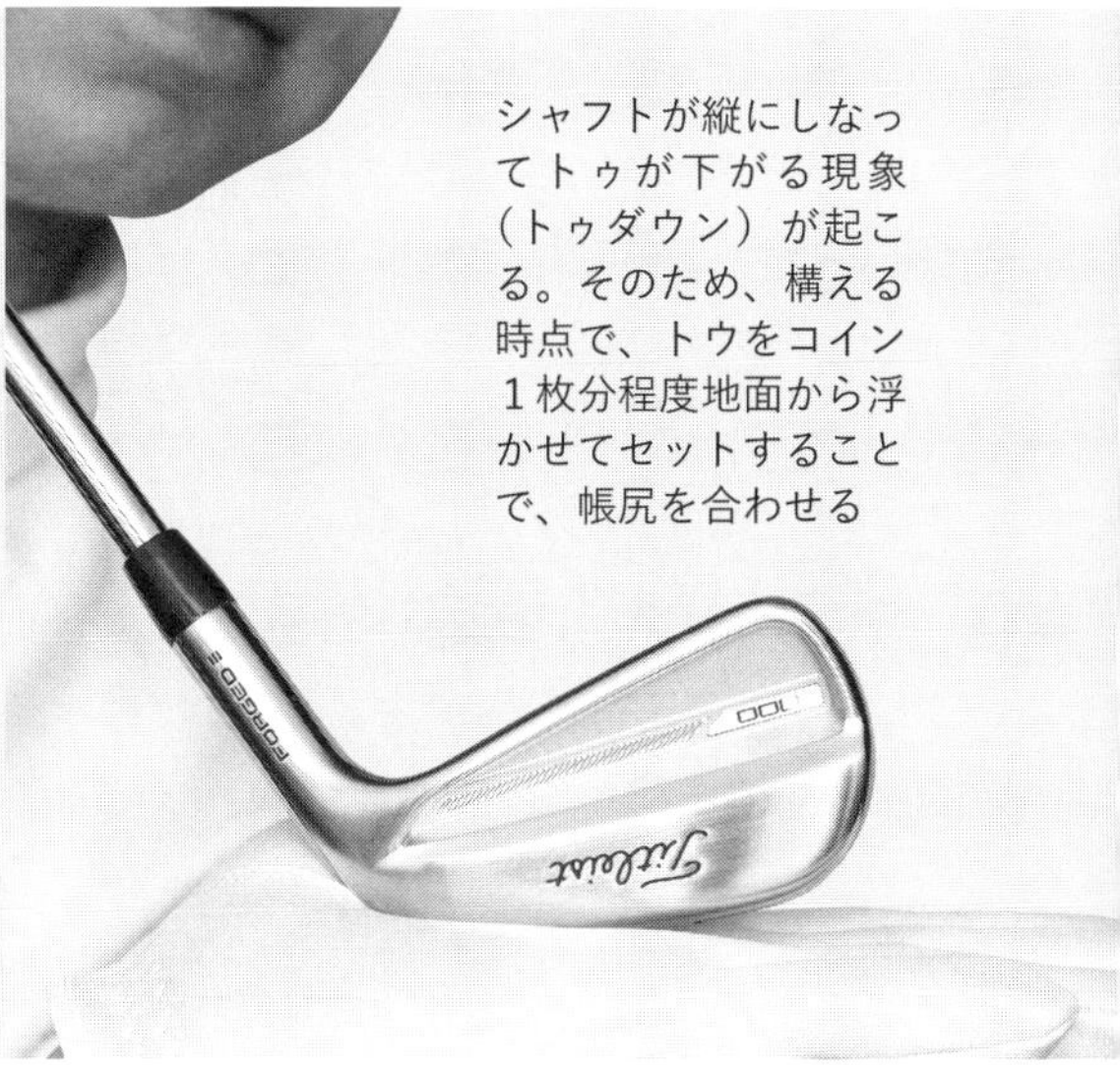

シャフトが縦にしなってトゥが下がる現象（トゥダウン）が起こる。そのため、構える時点で、トウをコイン１枚分程度地面から浮かせてセットすることで、帳尻を合わせる

エキスパートゴルファーになるために

Messages from BRANTA #1

# 飛距離を伸ばす もうひとつの方法

スピンロフトという言葉があります。これは、インパクト時のクラブヘッドを正面から見たときの「ロフト角度と入射角度の角度差」を指します。この角度差が何に関連しているかというと、バックスピン量です。

この角度差が大きいとバックスピン量が増え、小さいとバックスピン量が減ります。簡単に言うと、入射角が鋭角になりすぎるとこの角度差は大きくなり、入射角がゆるやか、またはアッパーになると小さくなると説明できます。

私たちはGEARS GOLF（最先端のモーションキャプチャーシステム）を使って指導をする中で、飛距離で悩んでいる方がいたときは、必ずこの項目のデータをチェックしています。

アイアンでもドライバーでも、打ち出し角度と初速に対して、適切なバックスピン量の範囲があり、それより多すぎても少なすぎても飛距離のロスが出ます。多すぎればフケ上がって急角度で落下してランの出ない球になりますし、少ないとドロップしてキャリーが出なくなってしまうわけです。適度なバックスピン量があって、打球には揚力がかかって浮き上がり、飛距離が伸びるという仕組みです。

とくに、飛距離がいつもは出るのに、ときどき飛ばない球が出ることがあるというケースは、スピンロフトが関わっていることが多いと言えます。スピンロフトを調整し、打ち出し角度と初速に合わせたバックスピン量にしていくことで、最大の飛距離に近づけていくことができます。

第2章

*Shot Shaping*

# ショット・シェイピングの前に知っておいてほしい基本

2▼1

# クラブパスに対するフェースの向きで打球の回転が決められる

打球が左右に散らばっている場合、その理由は、スイングの動き云々以前に、インパクトの瞬間にクラブがどのようにボールに当たっているかに要因があります。

具体的に言えば、フェースの向きによって打ち出し方向が決まり、クラブパス（インパクトに向かうヘッドの軌道）に対するフェースの開閉によって曲がり方が決まる、という新飛球法則と呼ばれる「法則」にしたがってボールは飛んでいきます（4ページ参照）。本書では、この新飛球法則をわかりやすくシンプルに紹介していきます。

よく「フェースが開いたからスライスした」と言う人がいますが、フェースが目標の方向に対して開いたのならば、その結果はスライスではなく、単に右にボールが出ることです。しかし、フェースが軌道に対して開いたのであれば、スライスボールが出ます。その違いを理解しなければ、意図せずに出た場合のスライスを修正することはできません。また「スライスしたのはカラダが開いたからだ」と言う人もよくいますが、スライスの本当の理由である「クラブパスに対してフェースが開いて当たった」と、「カラダが開いた」は、結びつく場合もあれば、結びつかない場合もあり、一概には言えないとしか言わざるを得ません。

トップの位置、そのときの手首の折れ方、あるいはダウンスイングでのヘッドの位置とコッキングの状態といったカラダ各部の状態や動きを点検する場合、そうした動きの結果、インパクトでどうなっているのかを確認する必要がある

## 新飛球の法則

フェースの向きによって打ち出し方向が決まり、クラブパス（インパクトに向かうヘッドの軌道）に対するフェースの向きによって曲がり方が決まる

2▼2

# Dプレーンの方向に球は打ち出され Dプレーンの傾きに沿って曲がる

新飛球の法則が表現している内容は、一般に、Dプレーンという仮想の面を用いて説明されています。クラブパスを伸ばしたラインとフェースの向きを示すライン。このふたつのラインを同時に載せる平面がDプレーン……と文字や言葉で説明してもわかりにくい、というのが実際にレッスンしながら感じる印象です。そこでここではごくシンプルに説明したいと思います。

つまりは、まず出球方向は、おおよそフェースの向き方向。そして、フェースの向きとクラブパスの向きの関係で、曲がり方が決まる、ということです。

クラブパスとフェースの向きが同じならば、真っすぐ打ち出されて、真っすぐ飛びます（Dプレーンは垂直の面になります）。

クラブパスよりもフェースの面が右を向いていたら、ボールは右へ曲がります（Dプレーンは右に傾いています）。逆に、フェースの面がクラブパスよりも左を向いていたら、ボールは左へ曲がります（Dプレーンは左に傾いています）。

この法則を理解すると、打球結果を見れば、インパクトでどのような状態でクラブがボールにどのように当たったのかがわかります。

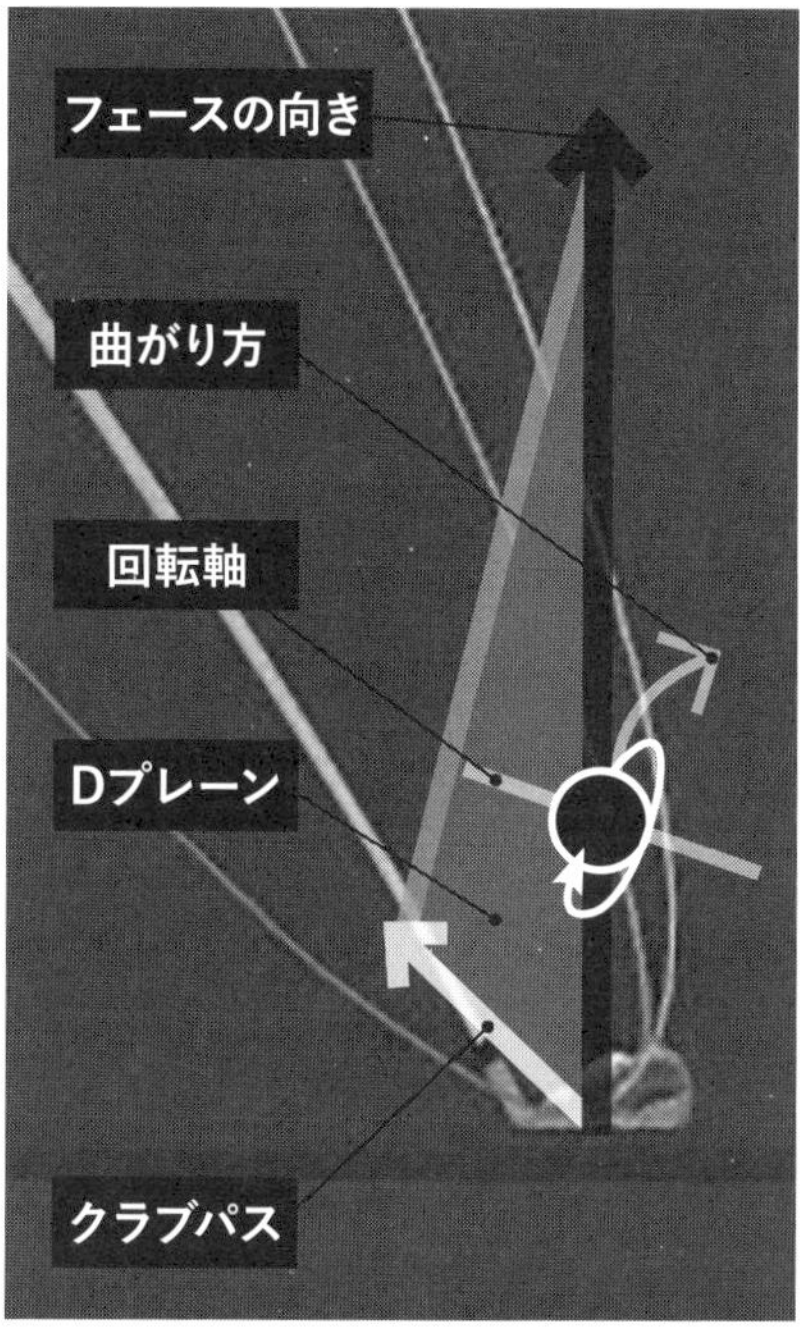


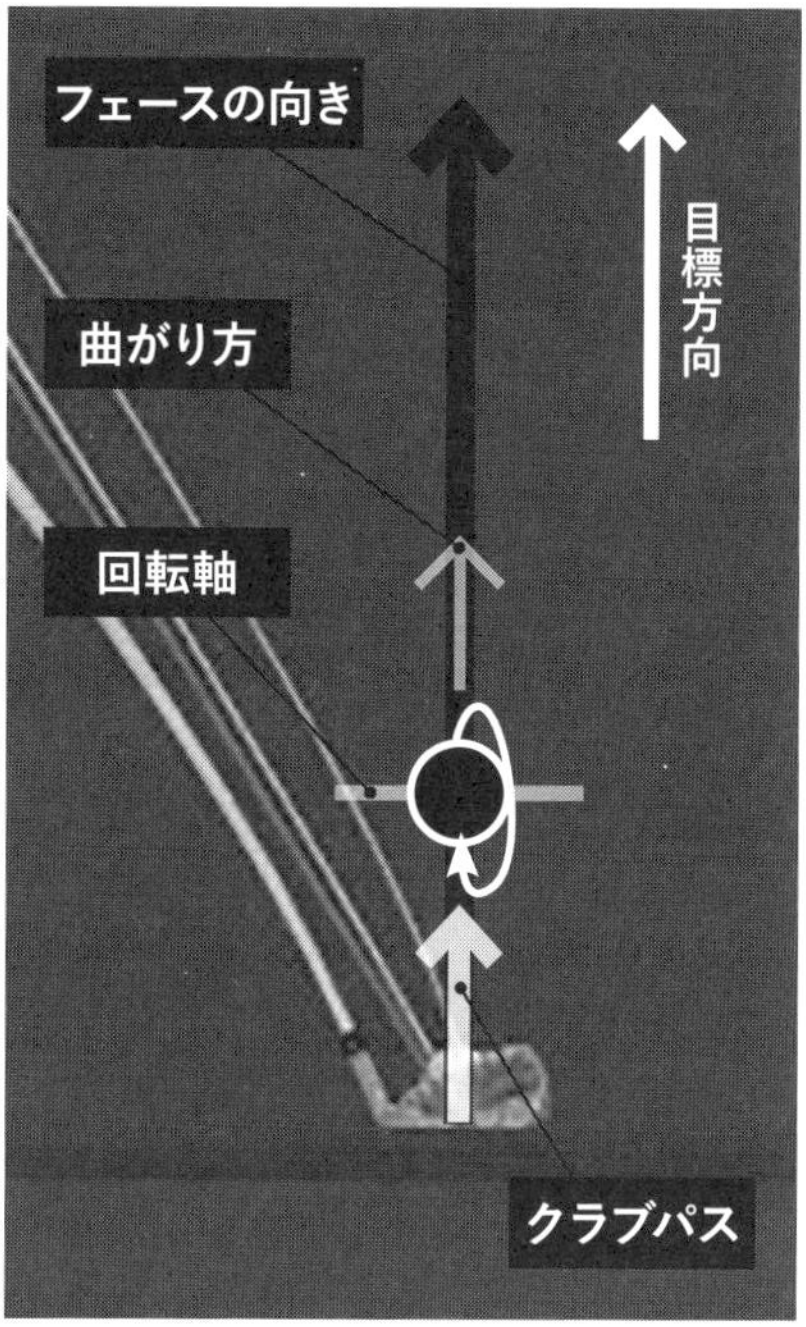


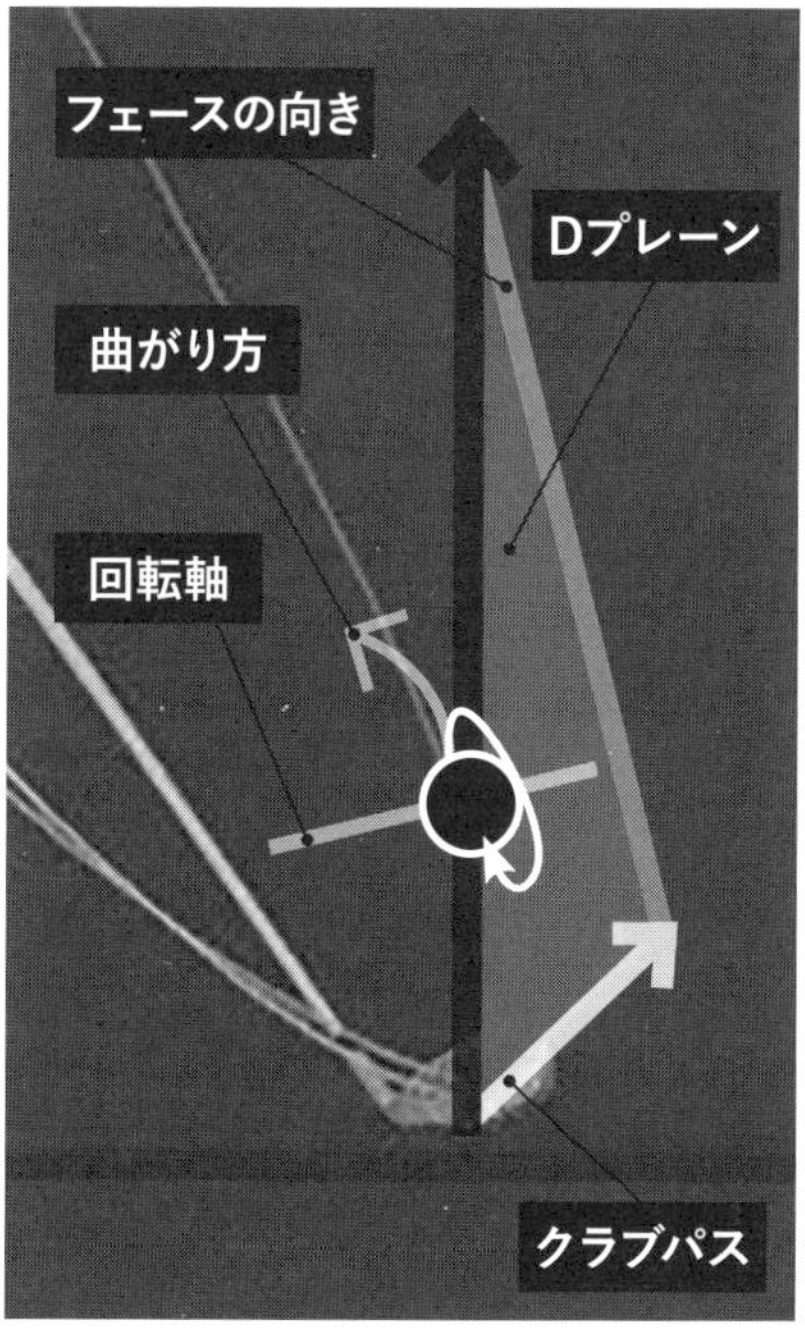


クラブパスのラインとフェースの向きのラインがつくる平面がDプレーン。この方向に球は打ち出される。ボールは、この面に垂直の軸で回転するため、Dプレーンが右に傾くと打球は右に曲がり、Dプレーンが左に傾くと打球は左に曲がる、と説明される

## 2▼3

# 「法則」から導き出される答えは ローポイントを意識したスイングづくり

「ボールが打ち出される方向はフェースの向きによっておおよそ決まる」、そして「ボールの曲がり方はクラブパスに対するフェースの向きで決まる」。つまり、打球の飛び方を決める要素のほとんどはフェースの向き、そしてクラブパスだということになります。であるならば、フェースの向きと、クラブパスを意図どおりの状態になるようなインパクトをつくれることが、スイングに求められることであり、スイングづくりにおいて目的とすべき、ということになります。

実際には、それらが成り立つのは、芯に当てたときという条件があるわけですが、芯に当てることは、精度の問題です。ですから、まず、スイングづくりにおいて意識を向けてコントロールできるようにしなければならない要素は、クラブパスとフェースの向きだということになり、それができたら精度を上げていくという順序になります。

フェースの向きとクラブパス、これらの管理を的確に実践するため、宮崎の前著『ローポイント・コントロール』でも説明した、ローポイントを基準にしたスイングづくりをおすすめしています。ローポイントを安定させ、フェースの向きとクラブパスを管理できれば、ショットをデザインするショット・シェイピングに取り組めるのです。

ローポイントの理想の位置は、左カカトの正面。ここに軌道の最下点がくるようなスイングをつくる。それができるならば、バックスイングの動き方やアーリーコックかレイトコックか、高いトップか低いトップかといったことは、どちらでも自分にとってやりやすいのならばＯＫということになる

2▼4

# 上達の基礎その1 ローポイントを設定する

ゴルフスイングの上達のために基礎となる第1点目は、ヘッドが地面の同じ位置を叩く精度を高めることです。

これがどのような位置でも安定すれば、ある程度、目的であるクラブパスを管理できるのですが、私たちが最適と考えるのは、「ローポイント＝左足カカトの前」になるスイングです。実は、プレーンの向きを目標に向けることができると、ローポイントを左足カカトの前の位置に設定できるようになります。肩の向きをスクエアにするとか、上半身を右に傾けるといったことでスイングプレーンの向きを変えようとする試みがありますが、ローポイントを意識することでもスイングプレーンの向きを矯正できるのです。

ローポイントがどこにくるかを確実にしておけば、ボールの位置を基準にしてクラブパスが決まります。打球結果をほとんど決めてしまう要素ふたつのうちのひとつであるクラブパスが、ボールを置く位置で決まってしまうのです。ボールをローポイントより手前（右）に置けばクラブパスはインサイド・アウト、ローポイントより先（左）ならアウトサイド・インです。

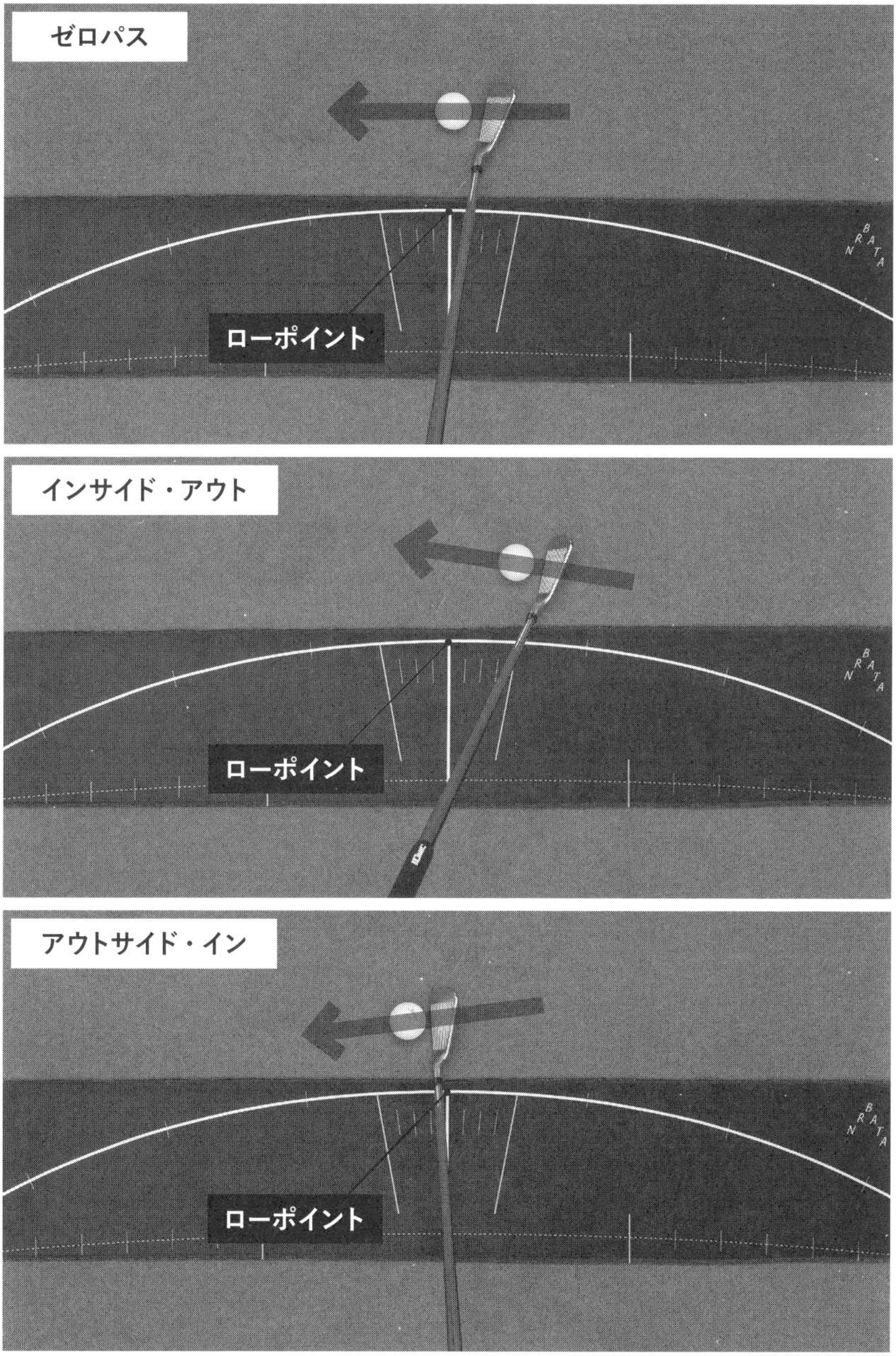


ローポイントにボールを置けば、クラブパスはゼロ。ボールを右に置けばクラブパスはインサイド・アウト。左に置けばクラブパスはアウトサイド・インになる。あとは、フェースの向きを決めれば、9つの弾道を打ち分けられる（詳細は第3章）

## 2▼5

# 上達の基礎その2 できるだけボールを遠くに飛ばす

ゴルフ上達の基礎となる第2点目は、打球の飛距離を出すことです。

飛距離を出す能力は、ゴルフをプレーするうえで圧倒的なアドバンテージになります。飛ばないよりは飛んだほうがいいのです。飛距離を出せることで狙える範囲が広がりますし、同じ距離に到達するのに短い番手で打てて有利ですから、スコアを良くしやすくなるわけです。

飛距離を出すことを実現するには、効率の良いカラダの動かし方を追求し、ゴルフクラブの動きにも無駄をなくしていくこと。さらには、スピードアップしてより大きなエネルギーをつくることも有効でしょう。ローポイントを意識したスイングの場合、インパクトの精度を上げやすいこともあり、飛距離を伸ばすにも近道になります。

また、クラブのスペックをスイングに合わせることも手段となります。重さ、バランス、硬さ、トルク、ヘッドの重心位置など、最適化していくべき要素はいくつもあるのですが、飛ばない人は「飛距離を伸ばすための条件」のいくつかをクリアできていないという原因があるものです。弾道測定器などでとれるデータを見て改善していくこともできますから、ぜひ取り組んでください。

ヘッドスピードアップ目的専用の器具を用いた素振りなど、正しい使い方をすることで実際に飛距離アップにつながりやすい

## 2▼6

# 上達の基礎その３ 予測できる曲がりの球を打つ

予測できる曲がりの球を打つこと。これはつまり、ボールを曲げる技術の精度を高めておくということです。ただ「曲げられる」というのではなく、「曲げようと思ったけど曲がりすぎた」とか「右に曲げようとしたのに、左に曲がった」もしくは「真っすぐ飛んでしまった」というミスを起こさない精度をもっておくことです。

「２５０ヤード飛んで10ヤード程度曲がる」というような精度まで要求しているわけではありません。ただ、「ここは左から右に曲げたいな」と思ったときにそのように打てる技術をもっていると、大きなアドバンテージにはなるわけです。ということで、これがゴルフ上達の基礎の第３点目です。

まずは、新飛球法則の原理から考えて、球筋に応じて必要な「クラブパスとフェースの向きの関係」を理解しておくこと。そして、実際に自分でそれらを試してみて、どのくらい向きを変えると曲がり幅がどのくらいになるのか、ボールの位置はどのくらい変えられるのかなど、テストを重ねて「自分だけのノウハウ」としてつかんでおくことです。９種類の球筋の打ち分け方についてはこのあと、第３章でじっくりと説明していきます。

「真っすぐ狙ったのに、曲がっちゃった。やばい！」ではなく、「どう曲げて目標に到達させるか」を決めて臨む。あとは「どのくらい曲がるか」のコントロールが必要となるだけ

2▼7

# フェースが意図した向きで当たるように向きの変化が少ない動きを身につける

打球の飛び方に影響を与える要素のひとつ、クラブパスについてはもう大丈夫！　となると、あとはもうひとつの要素であるフェースの向きが問題となってきます。

フェースの向きについては「開いて閉じる」ものだとする理論もありますが、現代のスイング理論には「スクエア・トゥ・ジ・アーク」といって、スイング軌道に対してフェースをスクエアにキープするという考え方があります。この動きを実行するためには、両手をねじったりせずに同じ状態を保って動かし続ける感覚になります。

ショット・シェイピングをする場合は、インパクトでのフェースの向きをスクエアだけでなく、開いたり閉じたりの状態も求められるわけです。しかし、これを開いて閉じる動きの中で実行するのではなく、その状態になるように準備しておき、そのままインパクトまで動かしてくるだけという方法のほうが精度が高くなります。

その状態になるような準備については、いくつか方法があります。グリップの握り方然り、ボールの位置然り……。フェースの向きの管理とその精度の高め方については、第4章で説明しています。

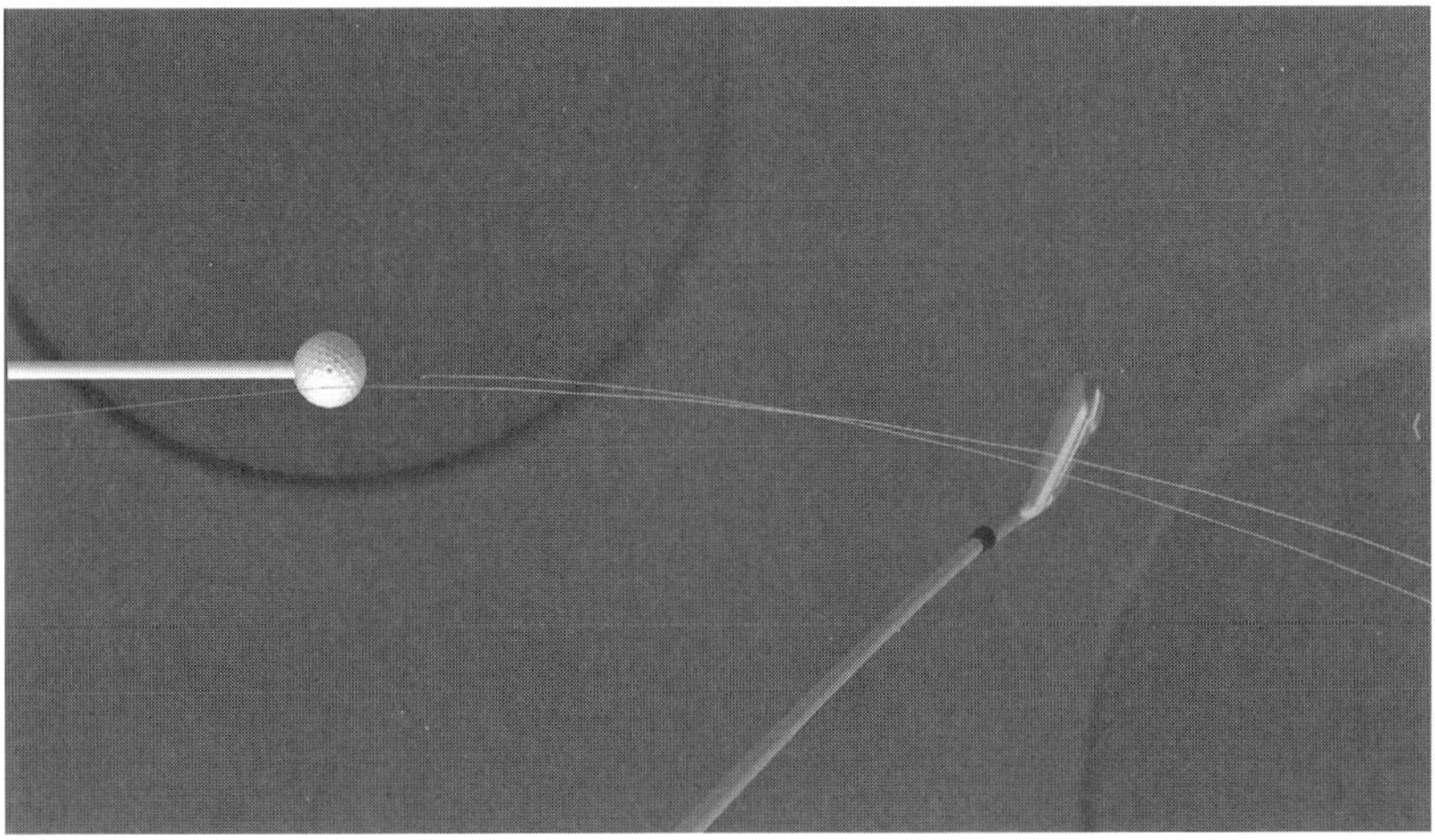

軌道に対してスクエア（または意図した向き）を保ったままインパクトゾーンを通過させる。軌道を基準にするとずっと同じ向きといえる。しかし、目標を基準にすると、開いた状態から閉じていく、とも説明できる

エキスパートゴルファーになるために

Messages from BRANTA #2

# アマチュアがストレートを目指さないほうが良い理由

多くの人は「目標へ真っすぐ打ち出して、真っすぐ飛ぶボールを打つこと」を目指してスイングづくりをされているようです。しかも、その球筋をコース攻略を考えるうえでベースにする方も多いように見受けられます。

でも、おすすめはしていません。

たしかに、その弾道は９種類のうちのひとつではあります。が、実際に「真っすぐ出て、真っすぐ進む」ボールが放たれるのは、まさにクラブパスが目標に向いた瞬間に、フェースの向きも目標方向からまったくズレのない状態でインパクトするという、一瞬にタイミングを合わせなければいけない非常に難易度の高い選択肢となります。

コース攻略の際、本書で紹介している要点を押さえていれば、どんなボールでも打てるわけです。しかしそれができる人たちの中でも、「真っすぐ打つ」のが良いという人と「曲げて打つ」のが良いという人に分かれるものです。どちらでも好みで選んでいただければ良いと思います。

ただし、「自分の持ち球はストレート系。あえて曲げて攻略しようと思っても、意図どおりにうまくコントロールできない」という場合は無理にボールを曲げる選択肢を優先しないほうが良いでしょう。

おすすめしているのは「だいたい真っすぐ」という弾道です。ちょっと曲がっても許容するというスタンスで臨むこと。それでは逆に心地が悪い人は、曲がるボールで毎回臨む。あえて曲げようとすると球が散るという人は、「だいたい真っすぐ」を狙うという具合に決めていただければ良いのではないでしょうか。

# 第3章

# ショット・シェイピングの方法論

*Shot Shaping*

3▼1

# ホール攻略デザインを多彩にするショット・シェイピングとは

新飛球法則を理解しないでも、一時代前の9弾道の法則をベースに考えても、あるいは考えたりせずに経験と感覚に頼っても、ボールを曲げることはできます。でも、ほとんどの場合、予測できる曲がりにはなりません。曲がり方をコントロールできないのです。しかも飛距離も十分には出ないことも多くなり、実戦で使ってもスコアを良くするためのアドバンテージにはなり得ないと思います。

実証された法則を元にして、論理的に組み立てた打ち分け法を採用すれば、曲がり方を操作できます。曲がり幅はある程度の範囲にコントロールされます。打ち分けのバリエーションの中には、飛距離を落とさずに曲げる打ち方、アゲンストの風の中でのプレーに役立つ打ち方なども含まれます。それが、スコアを良くするために使える打ち分けスキル「ショット・シェイピング」です。

状況に即して、どこへ打ち出して、どう曲げて、どこへ落として、どう止めるのか。弾道を操る技術が身につき、成功体験を積み重ねていけば、どの球をいつどこで使うかというアイデアも湧くようになっていきます。コース攻略における創造性が高まっていく。そうやってスコアをデザインしていくわけです。

ホールをどう攻めるか。
打てる球筋が多彩ならば
より多く攻め方の選択肢
から選ぶことができる

3▼2

# ショット・シェイピングの基本は真っすぐも含めた9つの球筋

はじめに打ち分ける球筋について説明しておきましょう。球筋は、まず、打ち出し方向別に3つに分けられます。「目標より右に出る」「目標方向に出る」「目標より左に出る」の3つです。

そして、そのそれぞれに「右に曲がる」「真っすぐ」「左に曲がる」というパターンがあります。

この3種類×3種類で、9通りなのです。

「右に出て真っすぐ、右に出て右に曲がる、左に出て真っすぐ、左に出て左に曲がるボールは、狙ったところへ飛んでいないのだからミスのはず。それらミスの打ち方を学んでも意味がない」とお思いの方もいると思います。しかし、考えてみてください。ミスというのは、意図せず、そのような球が出たときの後付けの分類です。意図してそれを打ったならば、ミスではないはずです。

実戦を考えてみても、そうした球筋を意図して打つような状況も、また、そうしたミスが出てもいいと判断して臨める状況も、ゴルフの中には確かにあるのです。これらの球筋も確実に打てれば逆球が出て困ることもなくなるわけです。

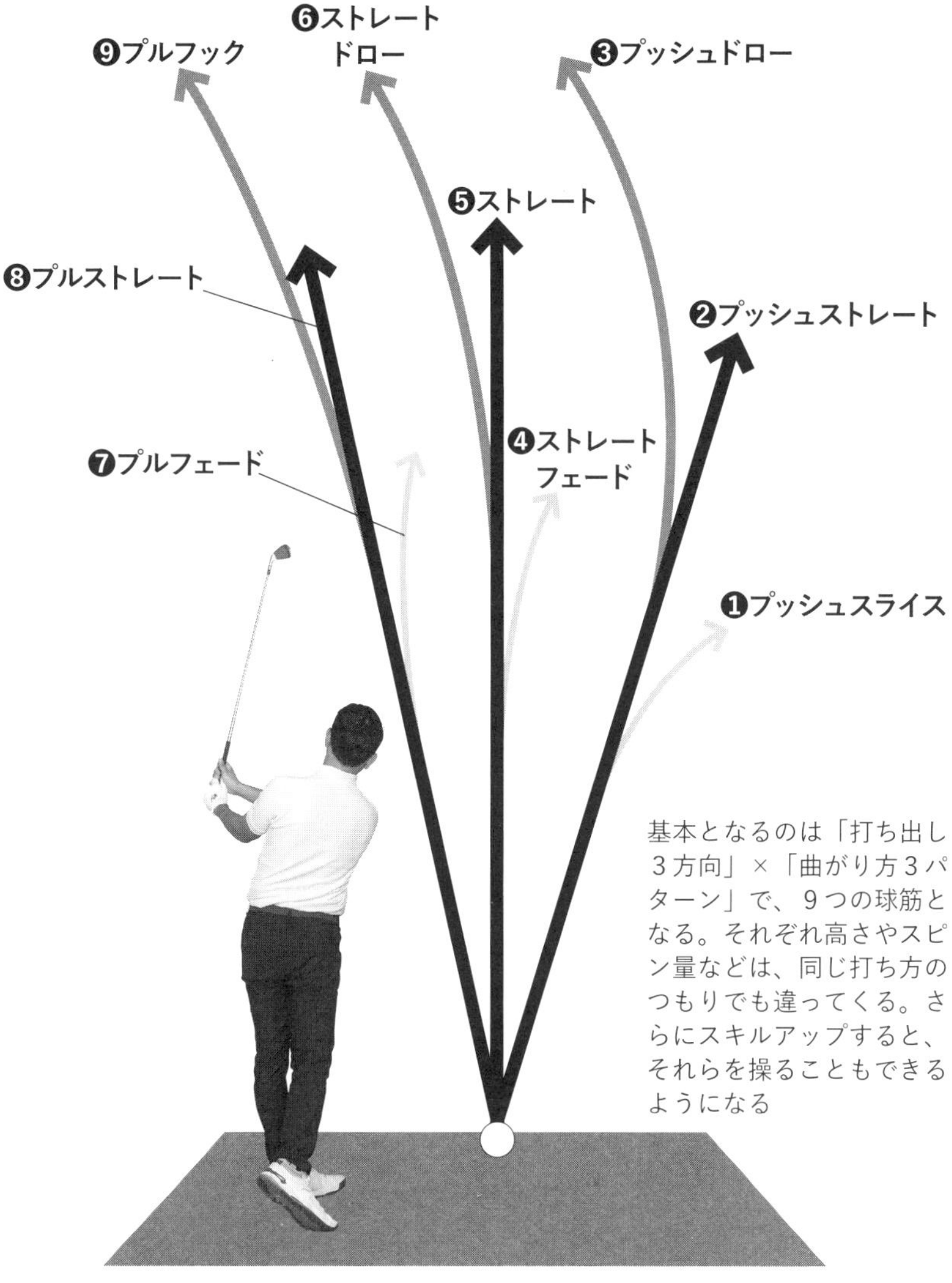


基本となるのは「打ち出し３方向」×「曲がり方３パターン」で、９つの球筋となる。それぞれ高さやスピン量などは、同じ打ち方のつもりでも違ってくる。さらにスキルアップすると、それらを操ることもできるようになる

3▼3

# ショット・シェイピングの大前提はローポイントとフェースの向きの安定

ショット・シェイピングの知識を得ても、できないというケースがあるとしたら、それはショット・シェイピングをするための前提条件となるスイングが、ローポイントまたはフェースの向きをコントロールしづらいスイングであるのが原因でしょう。

スイングアークが（正面から見て）左右に動きすぎる。スイングプレーンの向きが（後方から見て）目標の左右にズレすぎる。スイングの軌道に対してフェースの向きの変化が大きいこと、あるいは開きすぎ続けていたり、閉じすぎ続けていたりすること。そうした特徴のあるスイングでは、ローポイントを意図した場所にすることやフェースを意図どおりの向きでインパクトすることが難しくなります。

スイングアークが（正面から見て）左右に動きすぎず、その最下点（ローポイント）がいつもスタンスの間の一定の位置になること。スイングプレーンが（後方から見て）目標を向くこと。スイングの軌道に対してフェースの向きを大きく変化させないこと。この3点を満足させるスイングを身につけること。そのうえで、ローポイントを基準にボールの位置を決めると、曲がりを計算できるショット・シェイピングができるようになるわけです。

カラダが左右に動きすぎる、上半身の傾きが強くなりすぎるなど、スイングアークの中心がインパクトでローポイントとしたい位置の上にないスイングではローポイントが安定しない。それではショット・シェイピングをしようとしても、再現性は低くなり、曲がり幅の管理はできない

3▼4

# クラブパスを変えるためには カラダの向きかボールの位置を変える

球筋を決めるのが、フェースの向きと、フェース・トゥ・パスでした。それならば、球を打ち分けたいのなら、調整しなければいけないこともフェースの向きとクラブパスだということになります。

では、打ちたい球筋に合わせて、カラダの動きを変えればいいのでしょうか。もちろん、動き方を変えてクラブパスやフェースの向きを変えてもいいのですが、意図どおりに調整することはそれほど簡単ではなく、確率の低い方法と言わざるを得ません。

クラブパスを変えるためにする方法としてより確率が高いのは、まず、カラダの向きを変えることです。カラダの向きを変えれば、クラブを振る向きも変わり、ボールに向かっていく際のヘッドの動き＝クラブパスも変わります。

もうひとつは、ボールの位置を変えること。目標に向かって振ることができていれば（インサイド・インのスイングプレーンで振れていれば）ローポイントにボールを置けばクラブパスはかぎりなくゼロ（ゼロパス）になります。それより右にボールを置けばインサイド・アウトのクラブパス。さらに右に置けばインサイド・アウトの度合いが大きくなるという具合です。カラダの動きとしては同じでも球筋は変えられるのです。

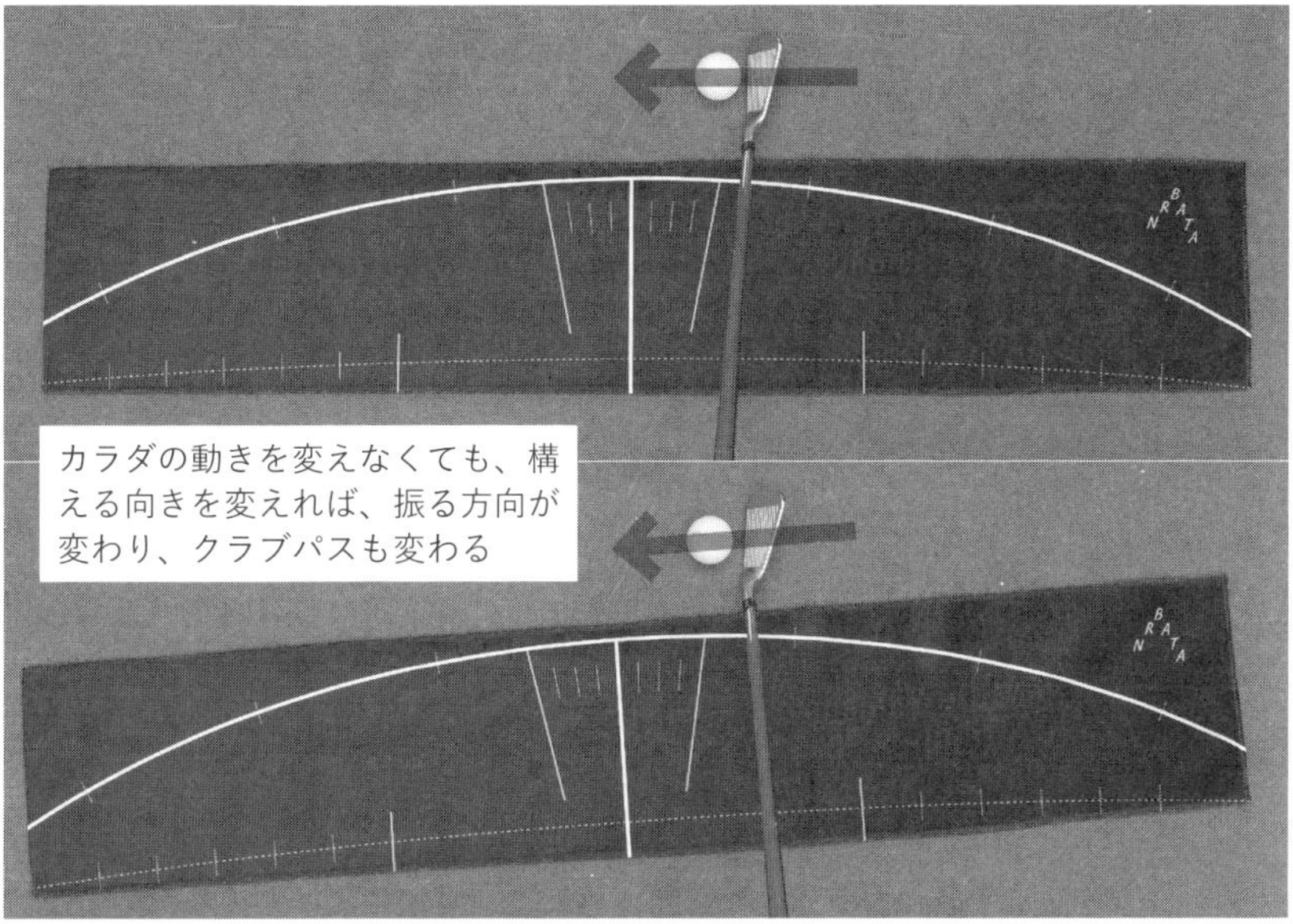

カラダの動きを変えなくても、構える向きを変えれば、振る方向が変わり、クラブパスも変わる

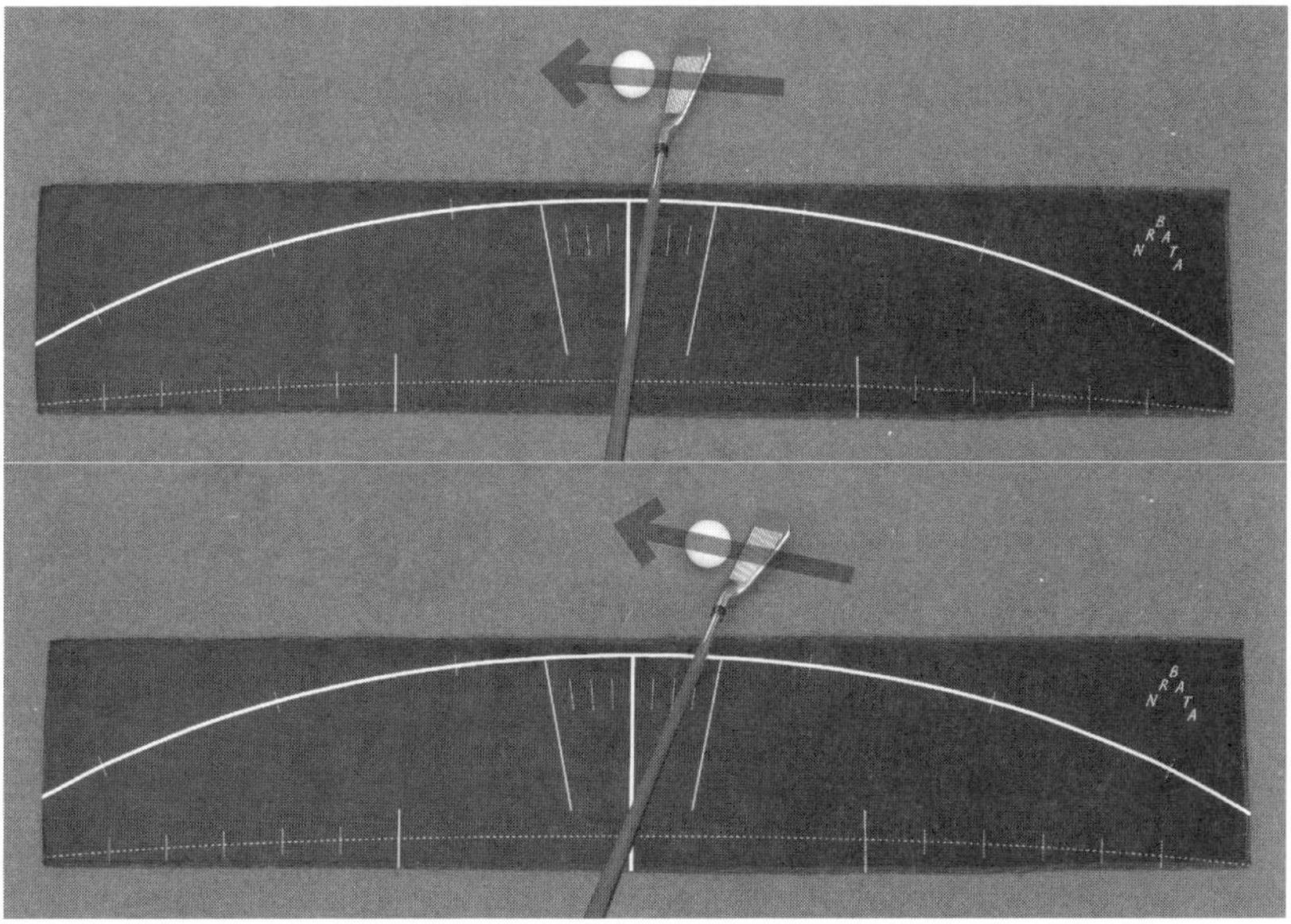

構える向きも、カラダの動きを変えなくても、ボールの位置を変えると、クラブパスが変わる。ローポイントに置けばかぎりなくストレートなクラブパスになり、より右に置けばインサイド・アウトになる

3▼5

# フェースの向きを変えるのも グリップの握り方かボールの位置

では、フェースの向きについてはどのようにすれば変えられるでしょうか。

方法のひとつは、構える時点でフェースの向きをいつもより開いた状態や閉じた状態にしておくこと。普段のスイングが、ローポイントでフェースの向きがスクエアになるような動きになっているとすれば、いつもと同じ振り方、いつもと同じボールの位置でも、構えたときに開いていたぶんだけフェースが開いてボールに当たることになります。

もうひとつの方法は、ボールの位置を変えること。「スクエア・トゥ・ジ・アーク」のスイングではフェースの向きは「軌道に対してスクエア」ですが、目標に対しては刻々と変化しています。ローポイントでスクエアになるとしたら、ローポイントの手前では右を向いた状態になるわけです。

グリップの握り方とローポイントの位置との関係によるフェース開閉の状態とを考え合わせて、目標に対するフェースの向き、クラブパスに対するフェースの向きのそれぞれが意図に合うように調整しておく。

以上、構えた時点で変えておく項目だけで、ほとんどの球筋の打ち分けはできるのですが、球筋によってはさらに＋αとして動き方を変えて確率を高めることもできます。

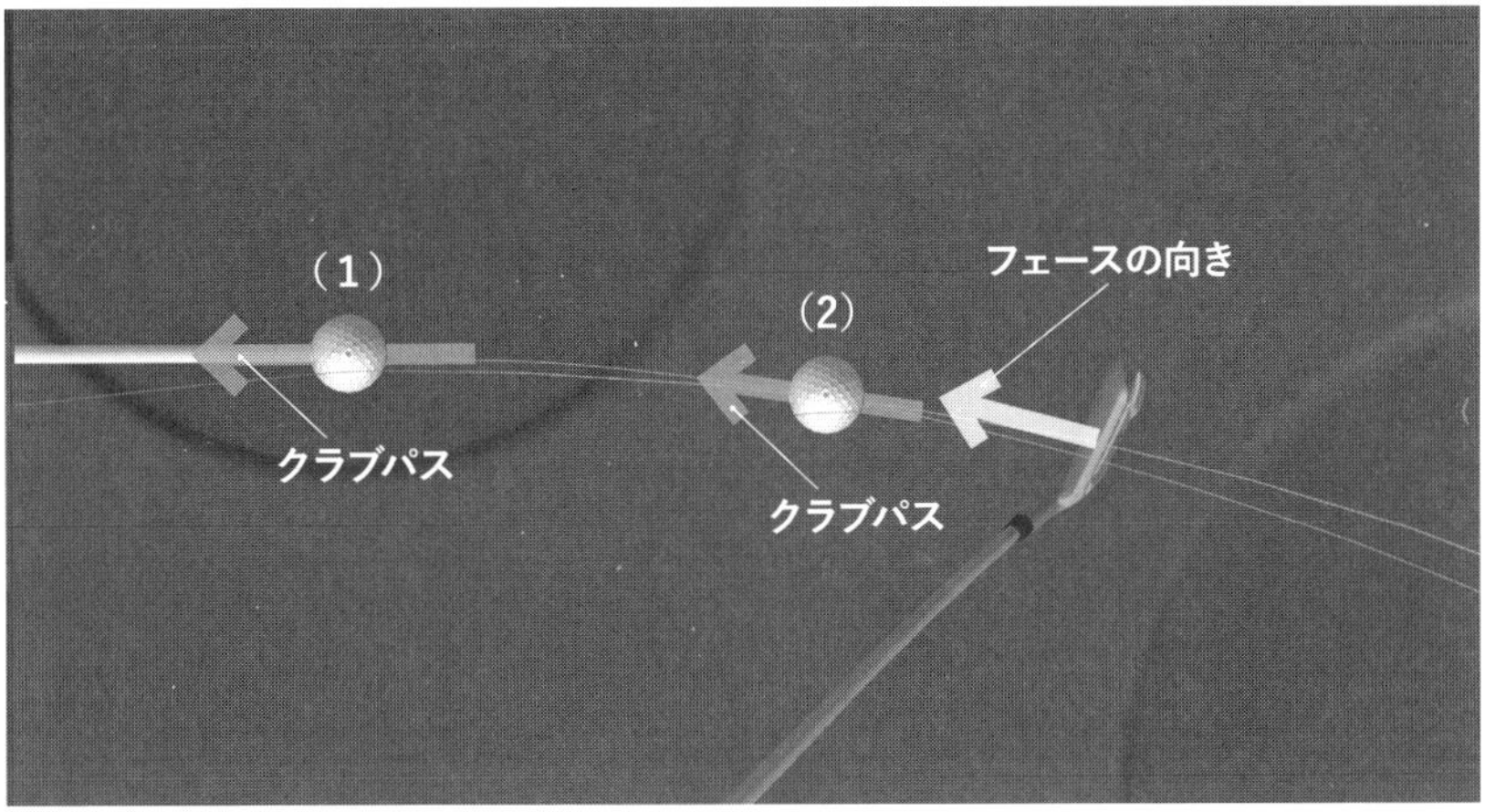


スクエア・トゥ・ジ・アークの動きをしているスイング。ローポイントにボールがあれば（1）、フェースの向きは目標に向き、フェース・トゥ・パスもスクエアになる。が、ボールが右にあれば（2）、フェース・トゥ・パスはスクエアだが、フェースの向きは目標に対して右になる

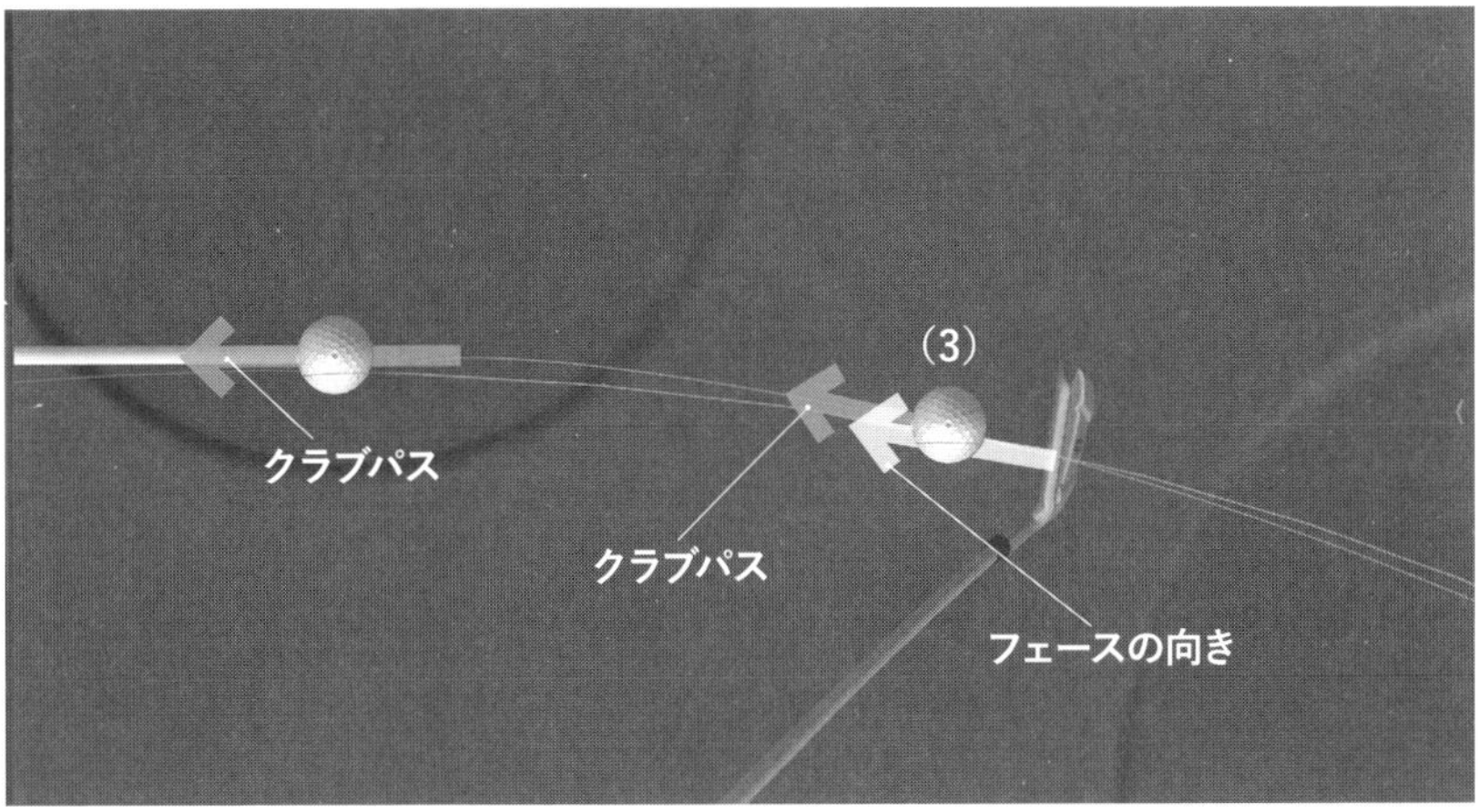


ボールの位置（3）で、フェースの向きは目標に対してスクエア。だが、フェース・トゥ・パスはクローズになっている

3▼6

# ［球筋①］右打ち出しシリーズ1-1 右に出て右に曲がる打球の打ち方

ではここから、具体的に9つの球筋の打ち分け方を説明していきます。右に打ち出す3つの球筋から始めましょう。まずひとつめは右に出て右に曲がるボール、いわゆるプッシュスライスです。この弾道を打つ方法を説明します。

ボールが飛び出す方向が右ですから、インパクトでのフェースの向きをターゲットよりも右にするというのがひとつめの条件になります。

なおかつ、右に曲がるということは、クラブパスがフェースの向きよりは左を向いていれば良いということになります。つまり、右に向けたフェースの向きより少しでもクラブパスを左に向けられれば、プッシュスライスになるということです。

打ち方は、2通りあります。ひとつめは、多くの人が「プッシュアウトを打つ方法とは」という問いに対して答えるであろう打ち方で、フェースの向きを右にして、アウトサイド・インのスイングプレーンで振る方法です。この打ち方は、かなり練習を重ねないと曲がり方を制御できない点で難しいと言えます。しかも飛距離がかなり落ちます。仮に曲がり方を制御できるようになったとしても、その曲がり方の打球は、実戦ではごく限られた状況でしか使えないものにしかならないと思います。

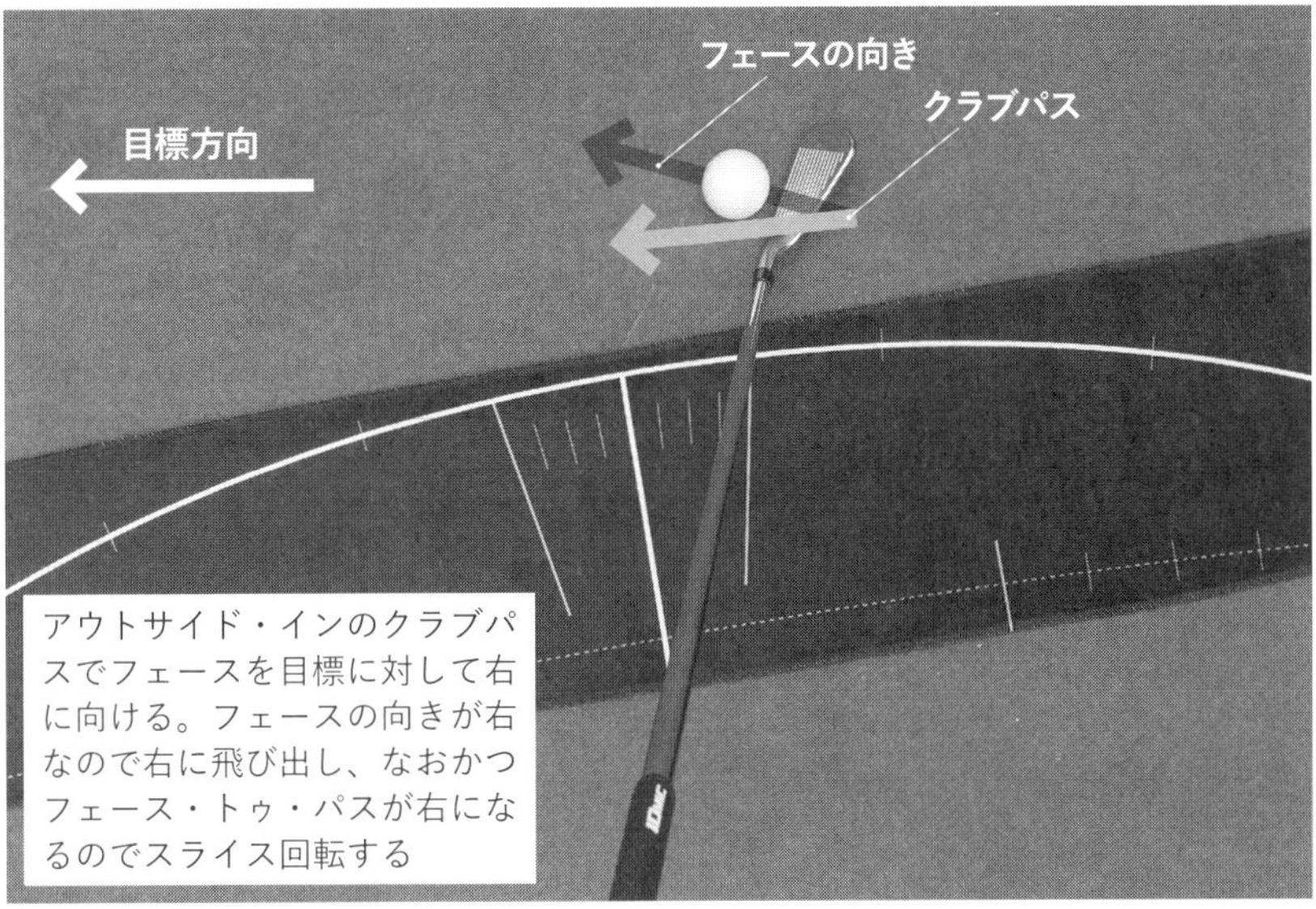


アウトサイド・インのクラブパスでフェースを目標に対して右に向ける。フェースの向きが右なので右に飛び出し、なおかつフェース・トゥ・パスが右になるのでスライス回転する

アウトサイド・インの軌道にするため、カラダの向きを左に向けた（左）。ターゲットラインに対して、ボールの位置は左カカトより3個右にある感覚になる。しかし、カラダの正面から見直してみると（右）、実際にはボールはかなり右足寄りにある。ローポイントに対してかなり右になるため、入射角が鋭角になってしまう

3▼7

# 〔球筋①〕右打ち出しシリーズ1-2
# 右に出て右に曲がる「使える打球」の打ち方

では、「使えるプッシュスライス」の打ち方を説明しましょう。

いつもと同じ位置にボールを置き、いつもと同じ向きで構えます。そして、いつもと同じスイングプレーンで振ります。ですから、いつもと同じクラブパス、つまりインサイド・アウトになるはずです。

違うのは、フェースをクラブパスよりも少しだけ開く。そうするとフェースの向きが右で、クラブパスはそれよりも左、つまりフェース・トゥ・パスがオープンになるので、プッシュアウトの条件がそろいます。

距離的には、通常のスイングよりは落ちる程度にとどまります。フェースの向きとクラブパスの向きの誤差がそれほどないため、エネルギーのロスを小さめに抑えられることがその理由のひとつめ。さらに、動きに関して、いつもとさほど違わないことをするだけなので、違和感なく振れ、ヘッドスピードも普段と遜色なく出せるというのがふたつめの理由です。

この打球は、左には絶対に行ってはいけない状況で、なおかつ距離のコントロールも必要なシーンで自信をもって打てる球となります。

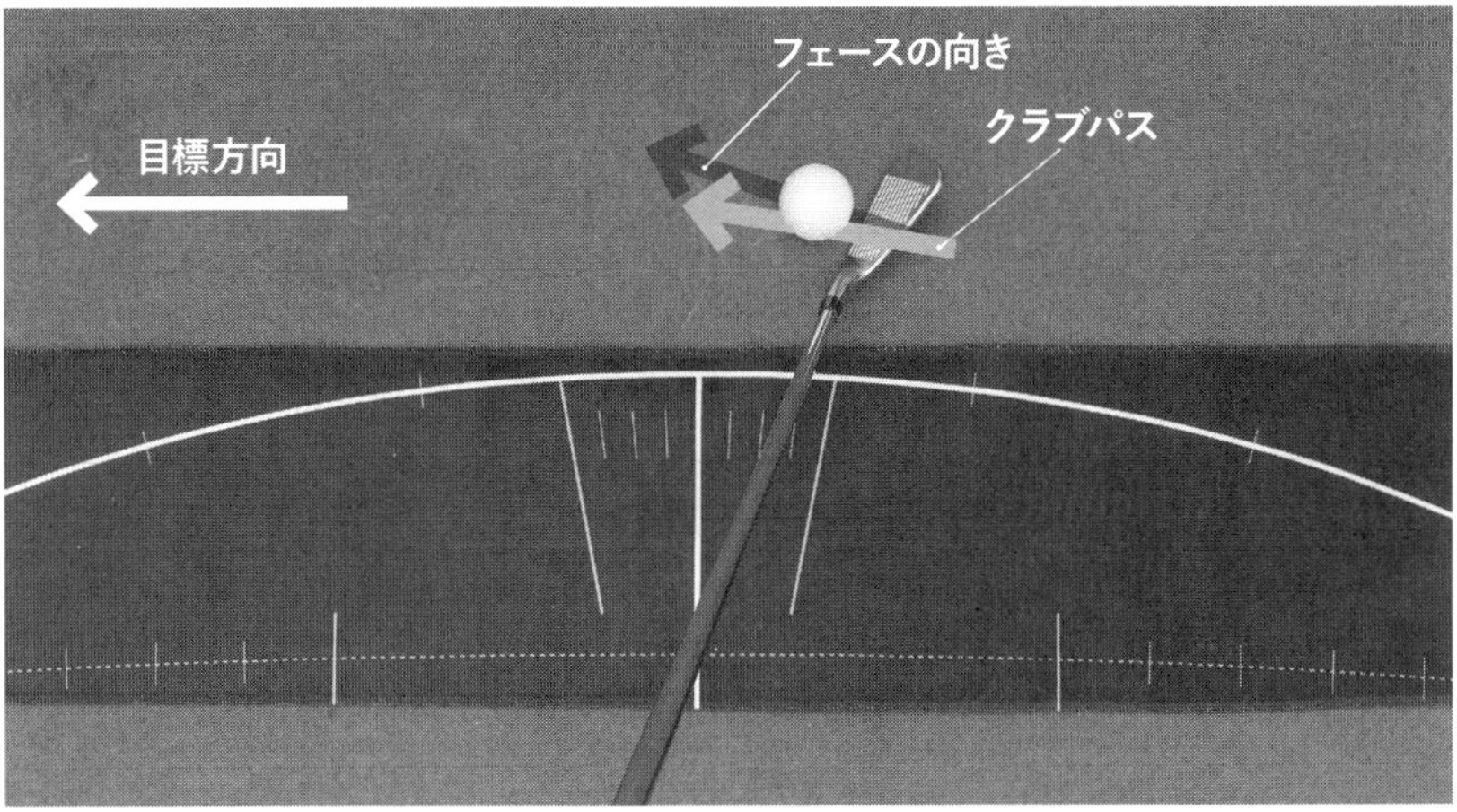

スイングプレーンの向きをターゲット方向にし、ボールの位置は最下点より手前（アイアンならばボール３個分右）。そのためクラブパスはインサイド・アウトになる。その上で、フェースの向きをいつもより右に向ける

基準的な「右に打ち出して左に曲げる＝（安全なドローボール）」と比べて違う点は、フェースを右に向けていることだけ。それで、飛距離がさほど落ちないプッシュスライス（右に打ち出して右に曲げる球）が打てる

3▼8

# ［球筋②］右打ち出しシリーズ2 右に出て真っすぐの打球の打ち方

振る方向を目標に合わせる、つまり「インサイド・インのスイングプレーンで振る」ことができている場合、右に打ち出して真っすぐの打球（プッシュ）は、「使えるプッシュスライス」の打ち方から、少しフェースの開き具合を戻すだけです。戻して、フェースの向きとクラブパスの方向が一致すれば、右に飛び出して真っすぐ進むプッシュストレートになるはずです。

この打球については、動きの注意点も加わります。手首の返しを抑えるようにしてください。あとは、スイングプレーンも、ボールの位置も、クラブパスも同じです。

この球筋を打とうとしてうまくできない人の傾向は、「右に真っすぐ打ち出す」意識によってスイングプレーンをものすごく右に向けている点にあります。「インサイド・アウトにクラブを振ったらボールが右に打ち出されそう」な気がします。実際、クラブパスも多少はボールの打ち出し方向に影響を与えるものではありますが、ボールの打ち出し方向により大きな影響を与えるのはやはりフェースの向きです。ボールの打ち出し方向はフェースの向きに任せて、インサイド・アウトに振りたくなる気持ちを抑え、なるべくプレーンを目標に向けてスイングすることを心がけましょう。

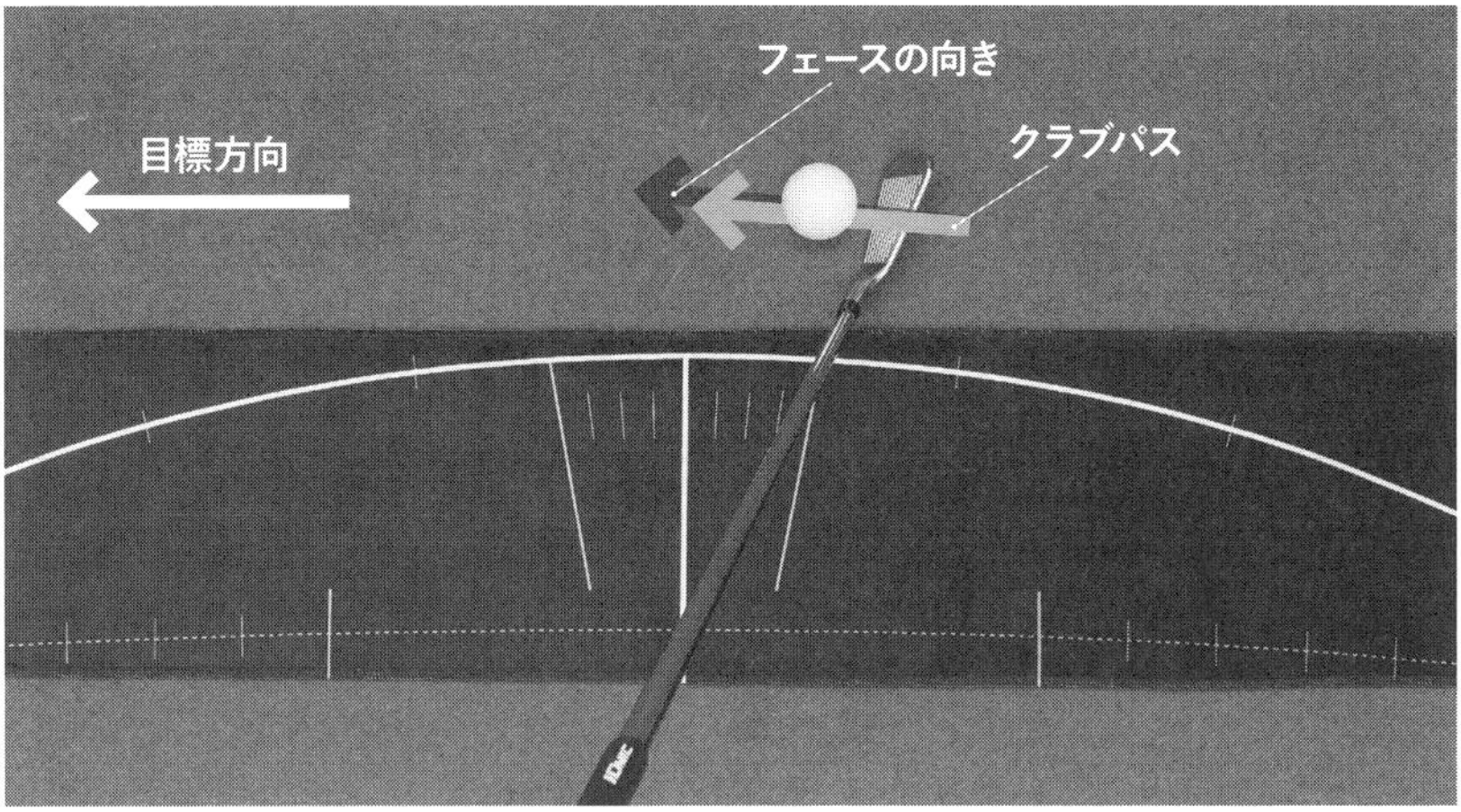

ボールをやや右に置くことで、クラブパスを右に向ける。そのクラブパスの方向とフェースの向きを一致させれば、右に打ち出され、真っすぐ進む打球になる

3▼9

# ［球筋③］右打ち出しシリーズ3 右に出て左に曲がる打球の打ち方

右に出て左に曲がる打球については、フェースはターゲットに対して右に向けるものの、フェース・トゥ・パスはクローズであることが条件となります。つまりクラブパスをフェースの向きよりも右に向けておければ、この球が打てます。

ローポイントの手前にボールを置いておけば、自ずとクラブパスはインサイド・アウトのはずです。クラブパスとフェースの向きが一致しているとプッシュストレートになりますが、フェースの向きがクラブパスよりクローズなら、右に出たあと、左に曲がってターゲット方向に戻ってきます。つまりプッシュストレートの構え方よりも、少しフェースを閉じる（それでも、目標より右であること！）、またはプッシュストレートと、このあと紹介するストレートドローのフェースの向きとの中間にフェースを向けます。

フェースは目標に対して右、クラブパスも右に向けていますが、ボールはドロー回転して右からセンターに戻ってきます。フェースもクラブパスも右向きではありますが、その比率が重要です。単純化すると、フェース「1」に対して、クラブパスを「2」右に向ける。たとえばフェースが2度オープンなら、クラブパスは4度インサイド・アウトにすれば良いということです。

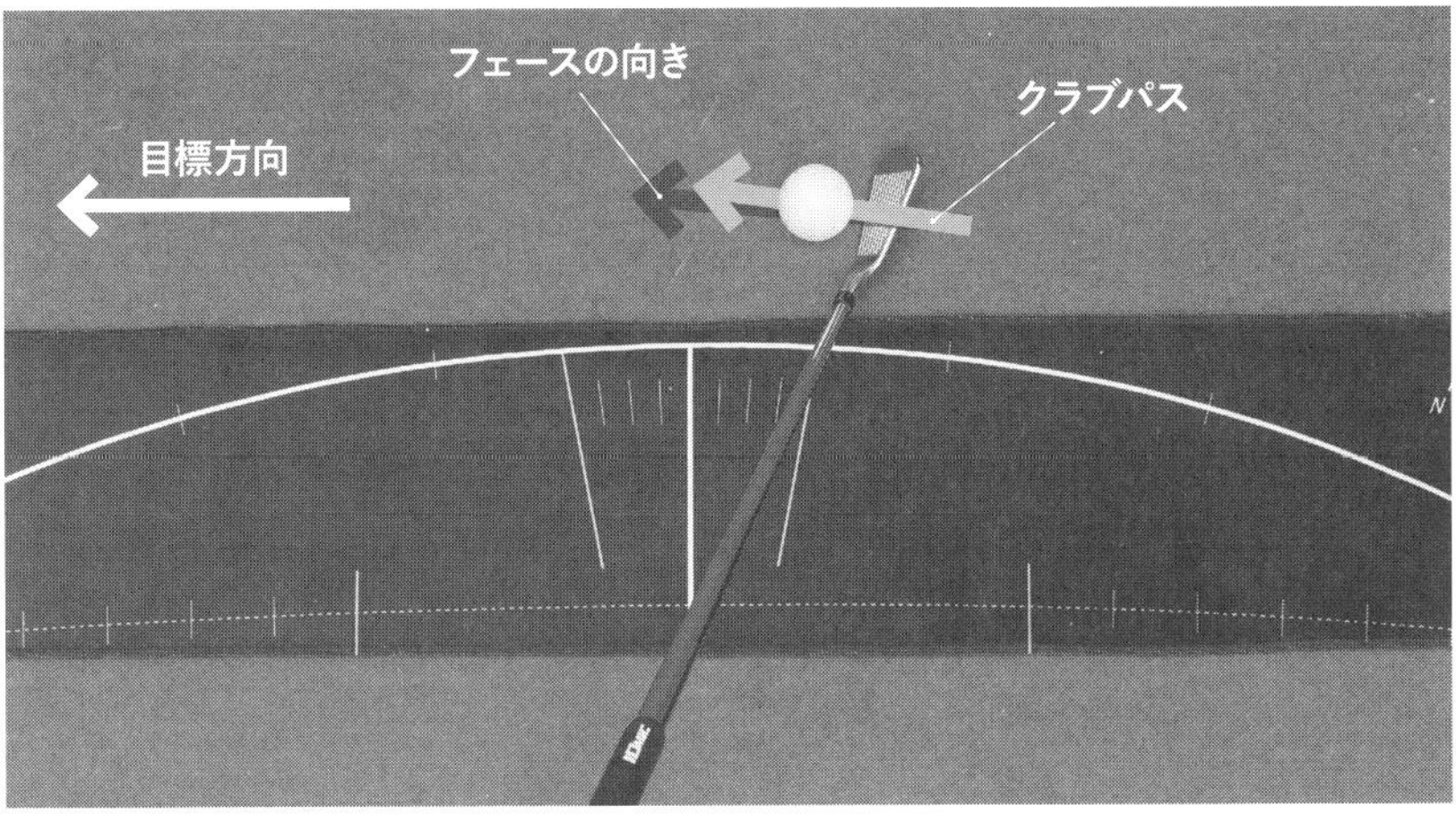


目標に対して真っすぐ立ち、ボールは通常どおり、左カカトの正面から3個右。ローポイントの手前だからクラブパスはインサイド・アウトとなる。右に打ち出すのだからフェースの向きは目標より右で、なおかつ、ドロー回転をかけるのだから、クラブパスより左にする

この打球を身につける練習法を紹介しよう。先に説明した「右に打ち出して真っすぐ」の球と、後述する「真っすぐ打ち出して左に曲がる打球」とを交互に打って、確実に打ち分けられるようにする。それによって、フェースの向きの微妙な調整ができるようになる。最終的にそれらふたつの中間である「右に打ち出して左に戻ってくる弾道」が打てるようになる

3▼10

# ［球筋④］真っすぐ打ち出しシリーズ1 真っすぐ出て右に曲がる打球の打ち方

次に、真っすぐシリーズの説明をします。真っすぐ出て右に曲がるフェード。真っすぐ出て真っすぐのストレート。真っすぐ出て左に曲がるドローです。

真っすぐ打ち出すわけですから、インパクトでフェースが目標に正確に向いている必要があります。フェースを目標に向けることを再現性高く実行するためにどうするか。それは人それぞれの方法があると思いますので、その見つけ方については追って説明します。

真っすぐ打ち出した先で右に曲がるようにするには、いくつも方法がありますがどれもすごく簡単です。たとえば、フェースを目標に向けてセットしたら、カラダを少しだけ左に向けます。本当にちょっとだけでいいです。カラダの向きを左にしたぶん、ローポイントも左に移動しますから、カラダの位置もそれに合わせて少し左に動かします。

フェースの向きはターゲットに向けます。カラダの向きを左に変えたことで、クラブパスがアウトサイド・インになっています。でもフェースは目標を向いているので、軌道に対してはオープンになります。ですから、ボールには右に曲がる回転がかかります。

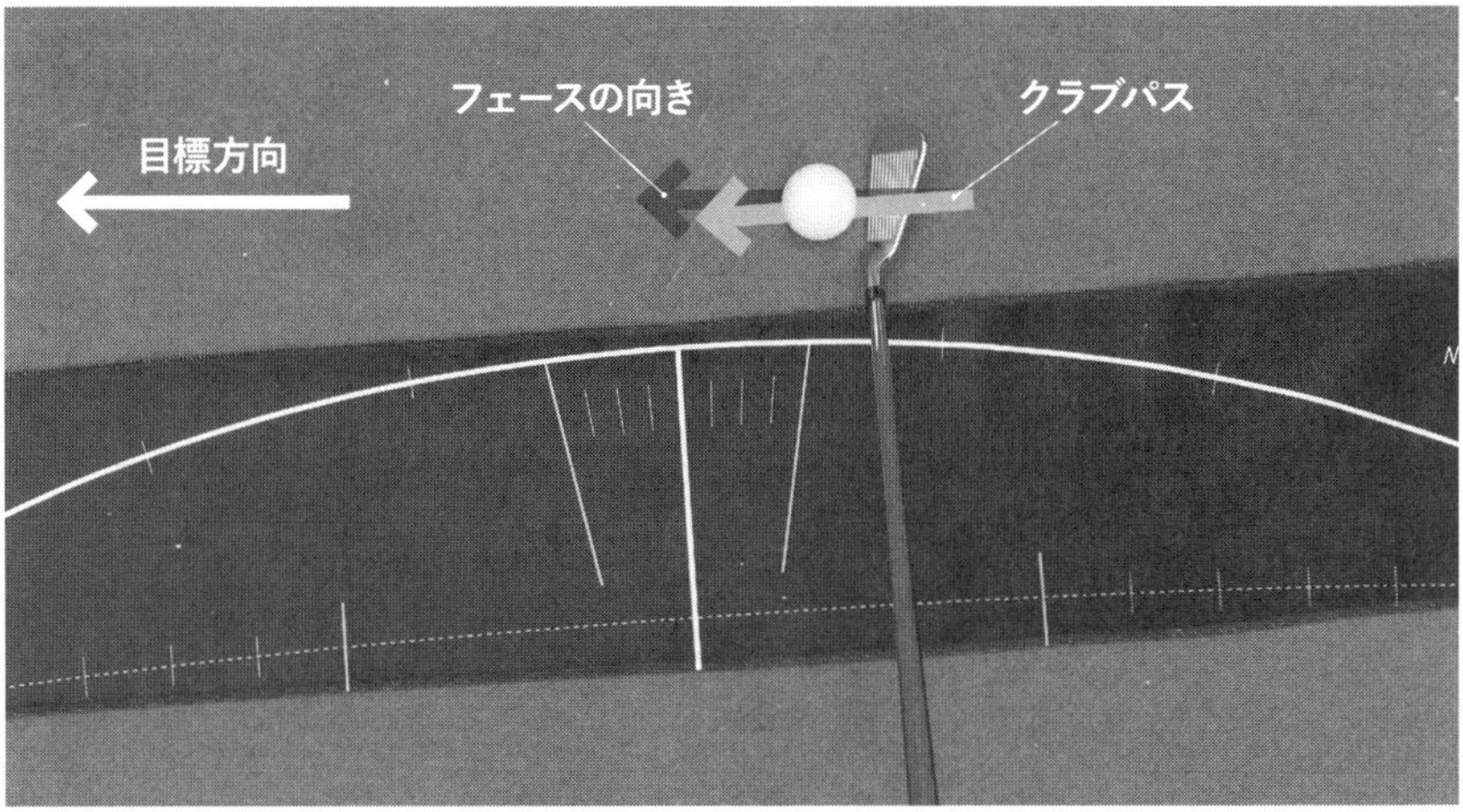

カラダの向きを左に向け、クラブパスが少しだけアウトサイド・インになるようにする。カラダのラインに対して適切な位置にボールを置き、フェースは目標に向ける。そうすると、真っすぐ出て、右に曲がる

カラダの向きを左に変えて、ローポイントの手前に置いたボールに対して入っていくクラブの動き（クラブパス）をアウトサイド・インにする。フェースを目標に向けてインパクトすれば、真っすぐ出て右に曲がる球になる

## 3▼11 ［球筋⑤］真っすぐ打ち出しシリーズ2 真っすぐ出て真っすぐ飛ぶ打球の打ち方

次は、真っすぐ打ち出して真っすぐ飛ぶ打球。当然、フェースはインパクトで目標を向いていますし、それにプラスして、クラブパスも真っすぐ目標に向かっているタイミングで当たれば良い！

こういう球を打ってくださいと言うと、誰もがいつもと同じ所にボールを置いて、いつもと同じように構え、インパクトだけヘッドの軌道を真っすぐにしようとします。でも、それは不可能です。ヘッドの軌道は、たとえば右腰の高さから左腰の高さまでの下半分の軌道で見ても、円を描いているわけです。ほぼ正円です。その中でインパクトのときだけ真っすぐ動かそうとしても、普通の人間の筋力では無理なのです。

ですが、円であってもクラブパスが目標に向く瞬間があります。ほんの一瞬ですが、それが最下点です。スイングプレーンの向きを目標に正確に向けたインサイド・インのスイングプレーンで振っていることが前提ですが、その場合、最下点が、クラブパスが正確にターゲットに向いていることを示す「0度」に最も近くなるわけです。それができれば、限りなく真っすぐ打ち出して真っすぐの打球になります。

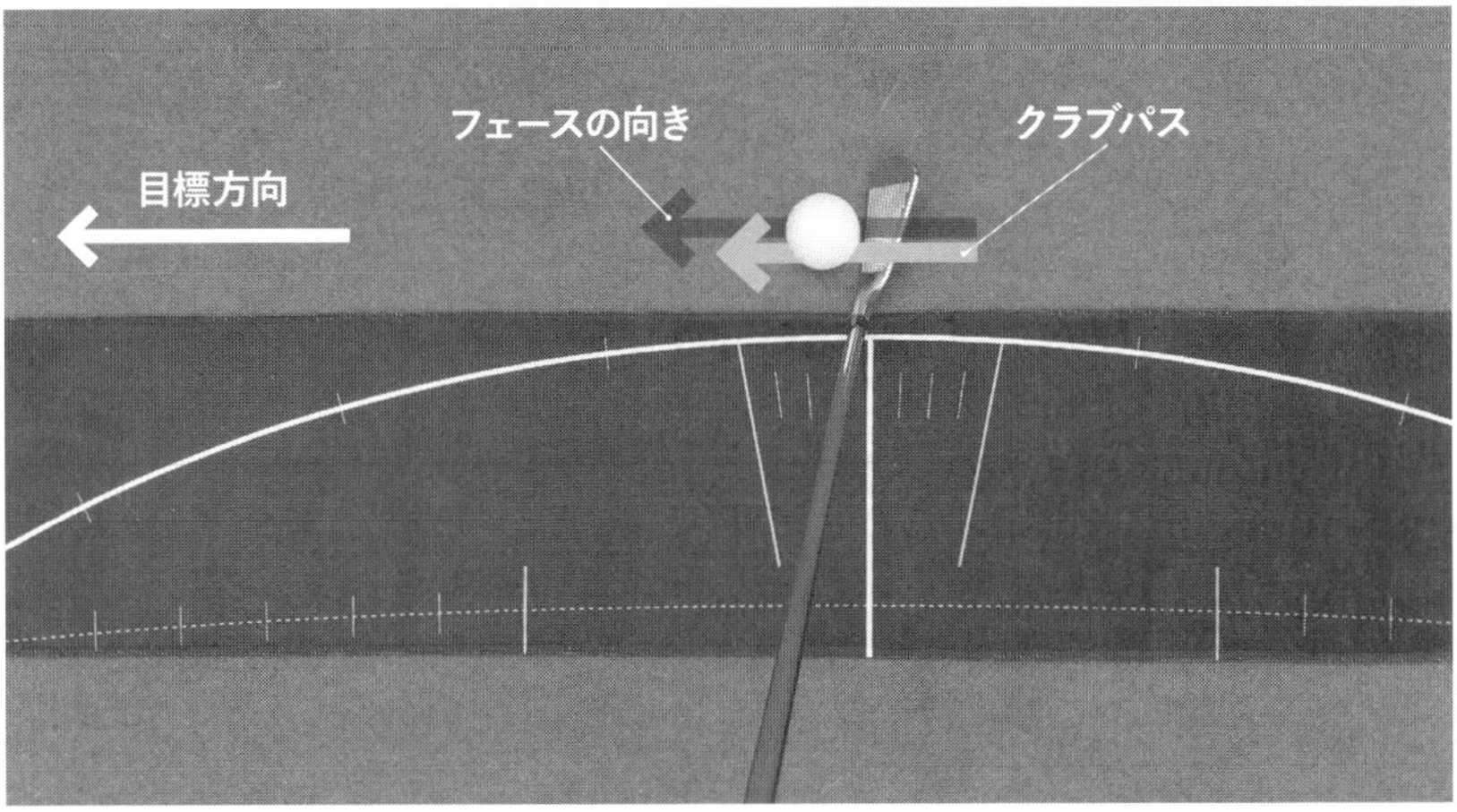


ローポイントのあたりにボールを置いてフェースを目標に向ける、目標に対してスクエアに構え、振る方向を正確に目標に合わせると、真っすぐのクラブパスで、フェースを真っすぐ目標に向けてインパクトできるので、真っすぐ飛びだして真っすぐ飛ぶ打球が打てる

※右記解説にある打ち方で、理論的には真っすぐ出て真っすぐ飛ぶボールが打てるはずだが、体型的な特徴によっては左にボールが飛び出すことが多くなるという現象が起きる。これは、クラブのライ角が身長と手の長さに合っていない、あるいはボールを捕まえる機能として適正ライ角よりもアップライトにヘッドが装着されていてフェースの面が左を向いていることが原因と考えられる。

3▼12

# ［球筋⑥］真っすぐ打ち出しシリーズ3 真っすぐ出て左に曲がる打球の打ち方

真っすぐ打ち出して左に曲がるボールも、簡単です。

真っすぐ打ち出すのですから、フェースはターゲットに向けます。ボールの位置を少し右に移動します。それによってクラブパスは、インサイド・アウトになり、フェース・トゥ・パスも左になりますから、左に曲がる球になります。

フェースの向きは、ボールの位置にヘッドを置いた状態で、ターゲットに向けます。その段階で、必ずしも握り直さなくてはいけないということではありません。握り直したほうがインパクトでフェースをその向きに戻しやすいという場合は、握り直してください。

真っすぐ出て左に曲がる打球のためにはボールの位置を右に変えれば良いわけですから、逆に真っすぐ出て右に曲がる打球を打つためならば、ボールの位置を左に変えれば良いという類推もできます。この方法も実際に成り立つのは成り立ちます。ただ、アッパーブローになり、インパクトやスピンコントロールが難しくなるという側面もあるため、「真っすぐ打ち出しシリーズ1　真っすぐ出て右に曲がる球の打ち方」のおすすめの方法には挙げませんでした。

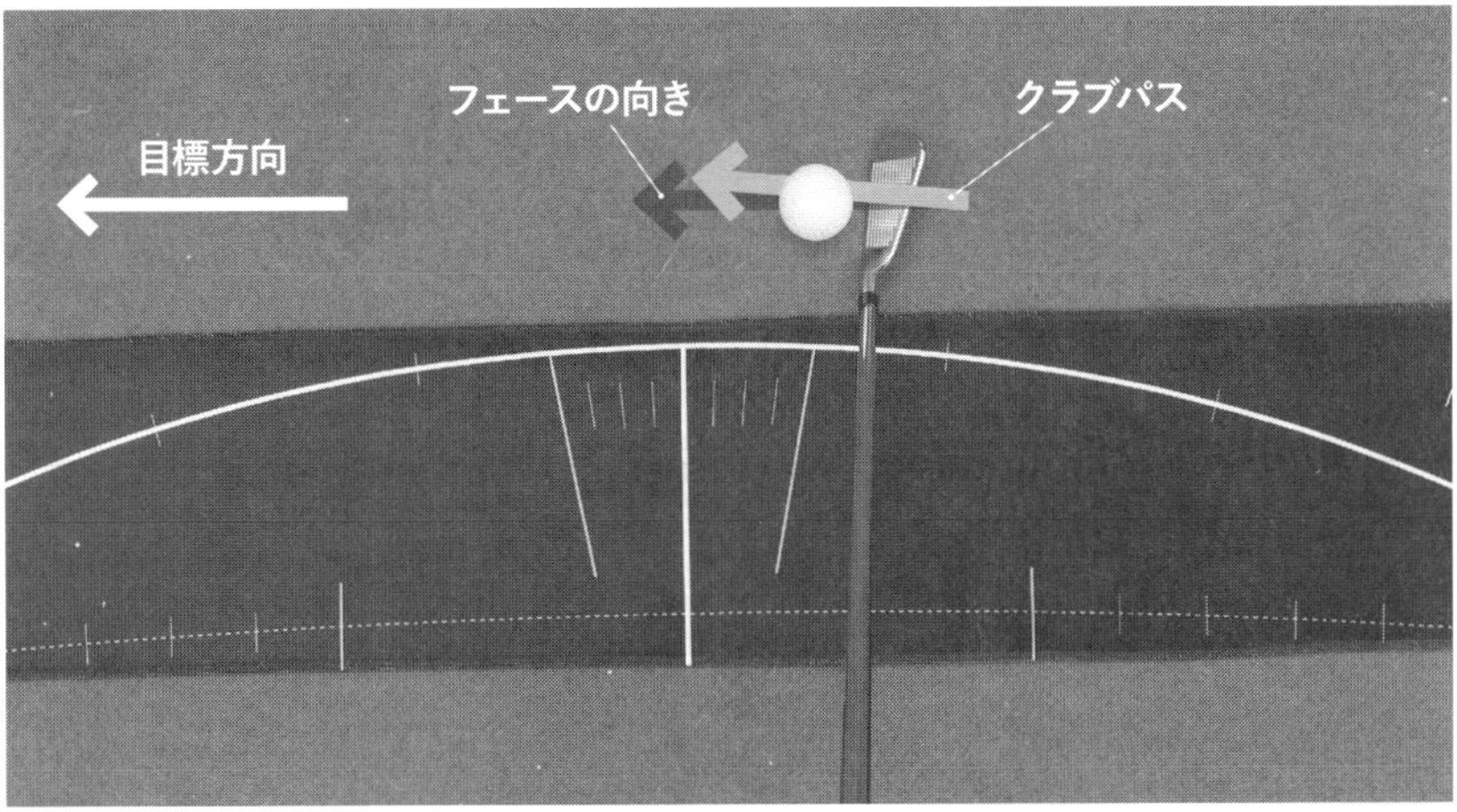


真っすぐ構え、ボールを少し右に動かすとクラブパスがインサイド・アウトになる。フェースの向きは目標に向ける。これでフェース・トゥ・パスが左向きになり、左回転がかかる

ボールの位置を右に動かして、クラブパスのインサイド・アウトの度合いを強める。フェースの向きはターゲットに真っすぐ向けることで、真っすぐ打ち出して左に曲がる球になる

3▼13

# ［球筋⑦］左打ち出しシリーズ1-1 左に出て右に曲がる打球の打ち方

それでは最後の、左に打ち出すシリーズです。

左に打ち出して右に曲がるボール（プルフェード）を打つ方法はふたつあります。

ひとつは、ボールをローポイントの少し先に置く方法です。左足ツマ先の前くらいで良いでしょう。ローポイントのあと、ヘッドの軌道はアウトサイド・インになりますから、そこにボールを置けばアウトサイド・インのクラブパスでインパクトできるわけです。

なおかつ、ボールの打ち出しを左にしたいので、フェースの向きをターゲットより少し左に向けます。左に向けますが、クラブパスよりは右になるようにすれば、左に出て右に曲がるボールになります。

ローポイントより先でインパクトするので、入射角としては上向きのアッパーブローになります。

ヘッドの軌道がアッパーになった時点では、シャフトが大きく逆しなりした状態になっています。それによって、インパクトでのロフト角が通常よりも大きくなっているため、高いフェードが打てるようになります。

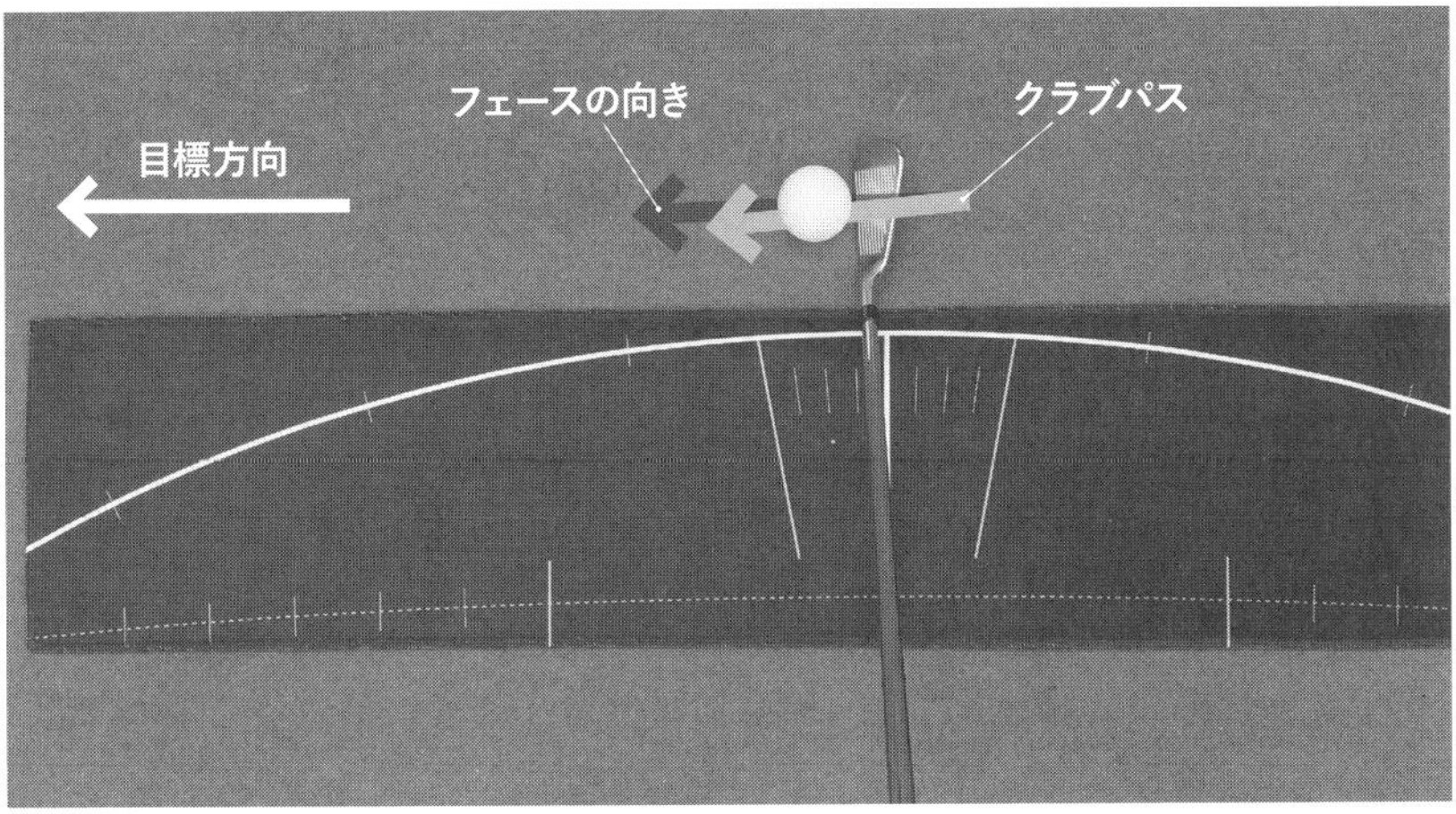

ローポイントの少し先にボールを置くことで、クラブパスをアウトサイド・インにする。左に打ち出すため、フェースは目標に対しては左に向けるが、右に曲げるため、クラブパスに対しては右を向ける

ボールを左に置くと、その位置に対して正対するように構える（肩のラインを左に向けてしまう）人が多いが。いつもと同じように、真ん中にカラダを置き、飛球線に正対するように構え、その位置で振って打つ。いつもよりボールが左に見える感覚になる

3▼14

# ［球筋⑦］左打ち出しシリーズ1-2
# 「左&右」のもうひとつの打ち方

左に出て右に曲がる球を打ち出すためのもうひとつの方法を説明します。カラダの向きをちょっと左に向け、カラダの向きに沿って振ります。フェースの向きはターゲットよりは左、カラダの向きに対しては少し開く。カラダの向き＝軌道の向きなので、フェース・トゥ・パスはオープンになります。

この場合も、ボールの位置を適切に調整することで、ミスを減らせます。カラダの向きを左に向けたので、最下点も左に移動しています。ボールの位置を変えずに、カラダの向きだけ変えて構えた場合、ボールが最下点よりかなり右にあることになるため、入射角が鋭角になり、飛距離の出ない打球になりやすくなります。右へ打ち出して右に曲がるボールの説明の際の内容と同じです。

カラダの向きを左に変えたら、自分の立ち位置も少し右に移動して、カラダのラインに対してボールを正しい位置にセットし直してください。そうすることで、ローポイントに対してのボールの位置に間違いがなくなります。実はセットアップの際、この微調整をするだけで打ちやすくなります。多くの人がカラダの向きだけを変え、立ち位置を変えていません。今までこの微調整をしたことがない方はぜひトライしてみてください。

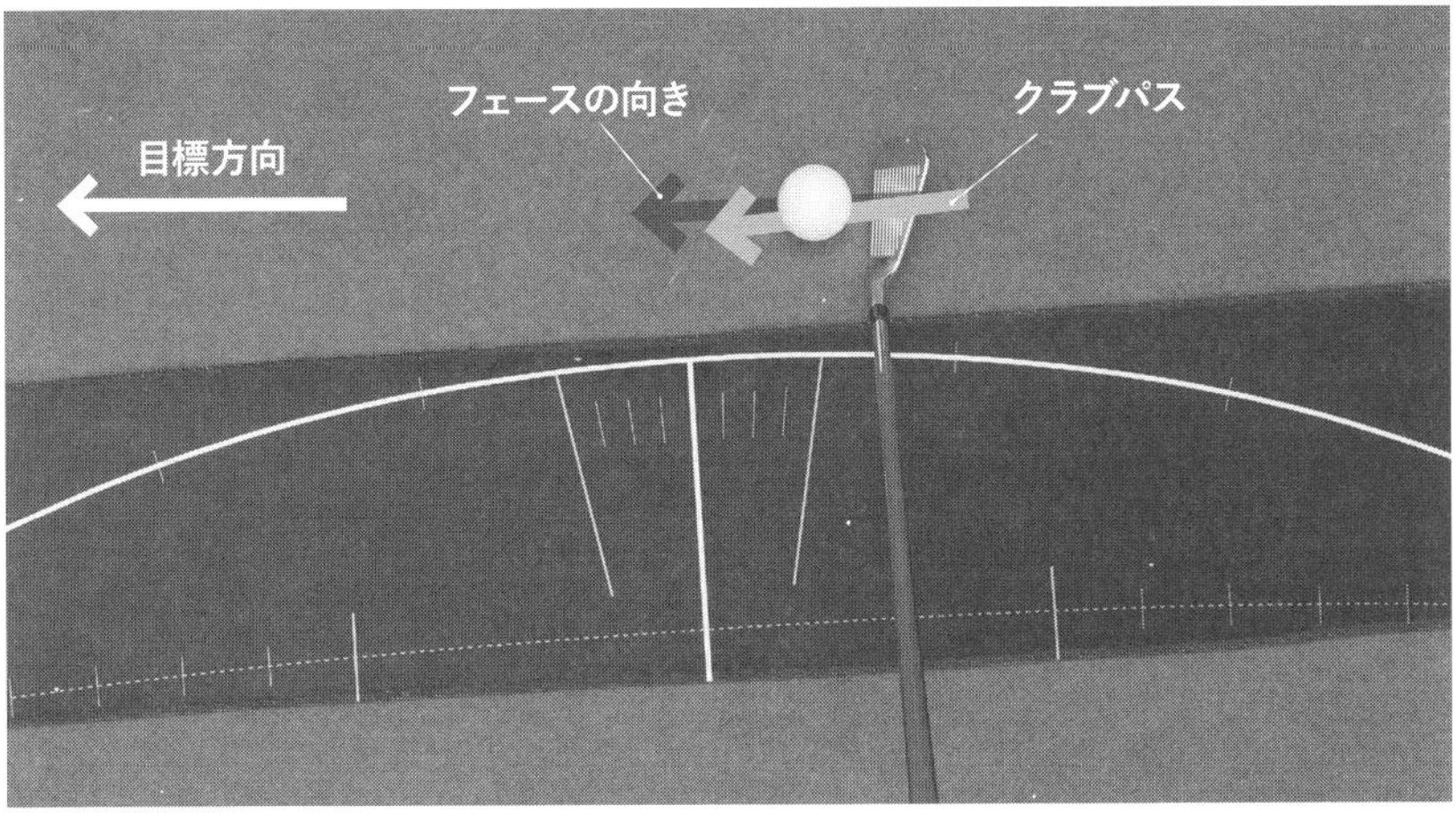

カラダのライン＝クラブを振る方向を左に向け、フェースは「目標より左、クラブパスより右」にする。ボールの位置がいつもと同じなので、先に説明した方法より違和感を減らせる

カラダの向きを変えたら、立ち位置を変えないと、最下点に対するボールの位置が意図どおりにならない。左に向きを変える場合は、自分の立ち位置を少し右に変える

3▼15

# ［球筋⑧］左打ち出しシリーズ2
# 左に出て真っすぐ飛ぶ打球の打ち方

次は左に打ち出して真っすぐ飛ぶボール、プルストレートです。

ここまでに説明した別の球筋の打ち方を、向きを変えて行なうだけ、という方法が使えます。ひとつは左を向いて球筋⑤の「ストレートボール（真っすぐ出て真っすぐ進む）」を打つ。もしくは、カラダの向きは真っすぐで、フェースを少し左に向けてそのまま打つという方法もあります。

いずれにしても、「自分の基準的な打ち方をする」のが一番安心で確率が高い選択となるものです。ちなみに、宮崎・渡邉とも軽いプッシュドロー（球筋③）を持ち球としているため、プルストレートを打ちたい場面では、「カラダの向きを左にして、限りなくストレートに近いプッシュドローを打つ」方法を採用しています。

しかし、プルストレートを打つ際注意しなければいけないことがあります。左を向いて左に振り抜いて手を返しすぎると、プルフック（次の9番目の球筋）になってしまい、最悪自らあえてOBにボールを打ち込んでしまうことになりかねません。そのため、なるべく手の返しを抑えた打ち方など、自分なりの工夫をするのが良いと思います。

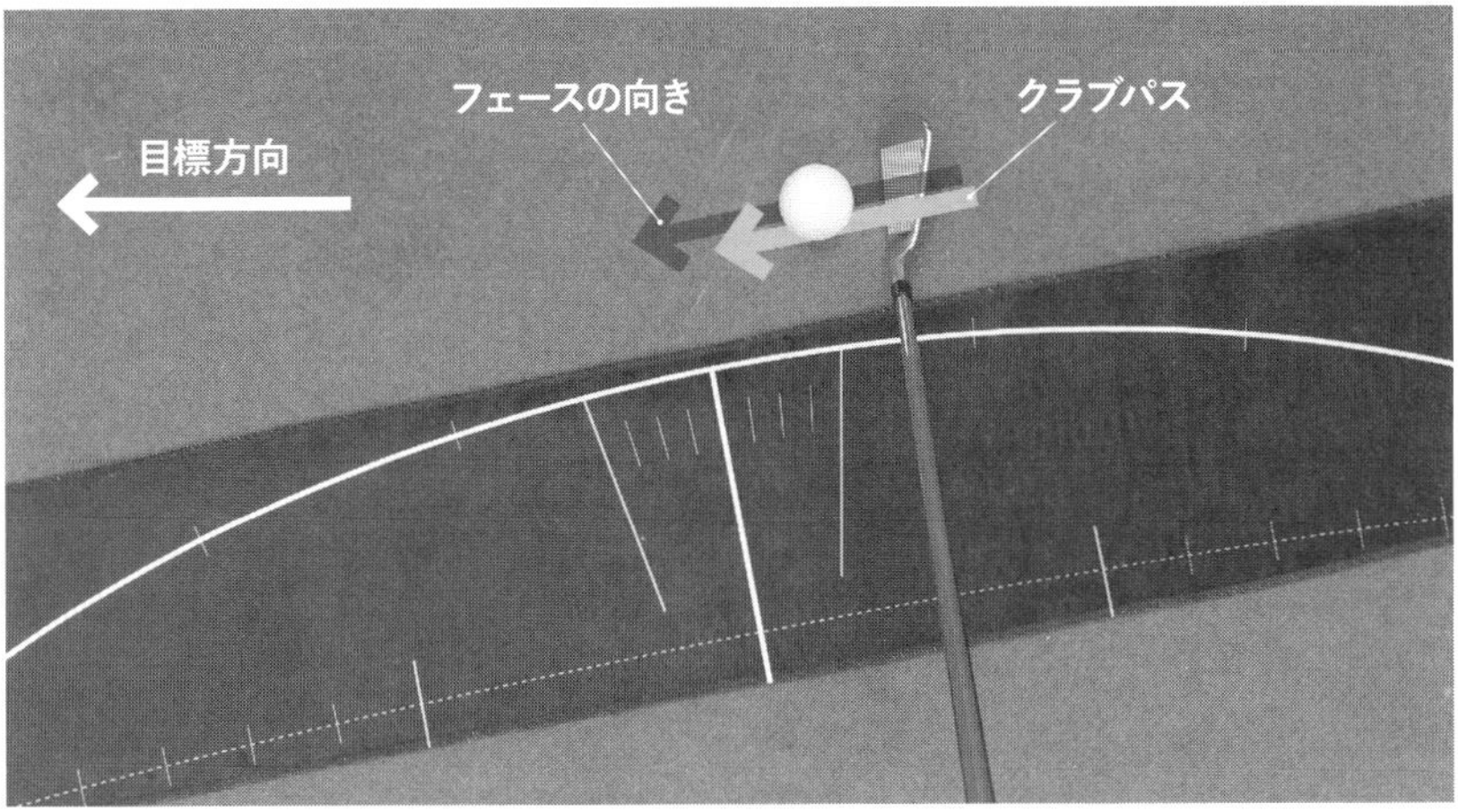

ローポイントの手前に置いたボールに対して向かっていくクラブパスが、ターゲットの左を向くまで、カラダの向きを左に向ける。そしてクラブパスの向きにフェースの向きを一致させる。これで、左に打ち出して真っすぐ進む球が打てる

プルストレートを打つ場合は、カラダの向きを左にし、ストレートボール（球筋⑤）の打ち方をそのまま使うのもひとつの方法

3▼16

# ［球筋⑧］左打ち出しシリーズ3 左に出て左に曲がる打球の打ち方

左に打ち出して左に曲がる打球（プルフック）の打ち方も、簡単なものをふたつ紹介しておきます。

左に打ち出すので、フェースは左に向けます。左に曲げるのでフェース・トゥ・パスも左に向くようにします。

以上を考え合わせると、カラダの向きはいつもと同じ。さらに、ボールの位置もいつもと同じ。それで、フェースを閉じて構えて、そのまま打てば、左に飛んで左に曲がる球になります。フェースを閉じればロフトが立つため、打球は少し低くなります。これがひとつめの打ち方です。

もうひとつの方法はいわゆる「ドローボール」、つまり右に出て左に曲がるボール、または真っすぐ出て左に曲がるボールの打ち方を、打ち出し＝フェースの向きが目標より左になるまで、カラダの向きを左に変えて構え、そのままドローボールの振り方をそのまま実行するという方法です。

左へ打ち出して左へ曲げる場合、クラブパスは思っている以上にインサイド・アウトでも大丈夫です。

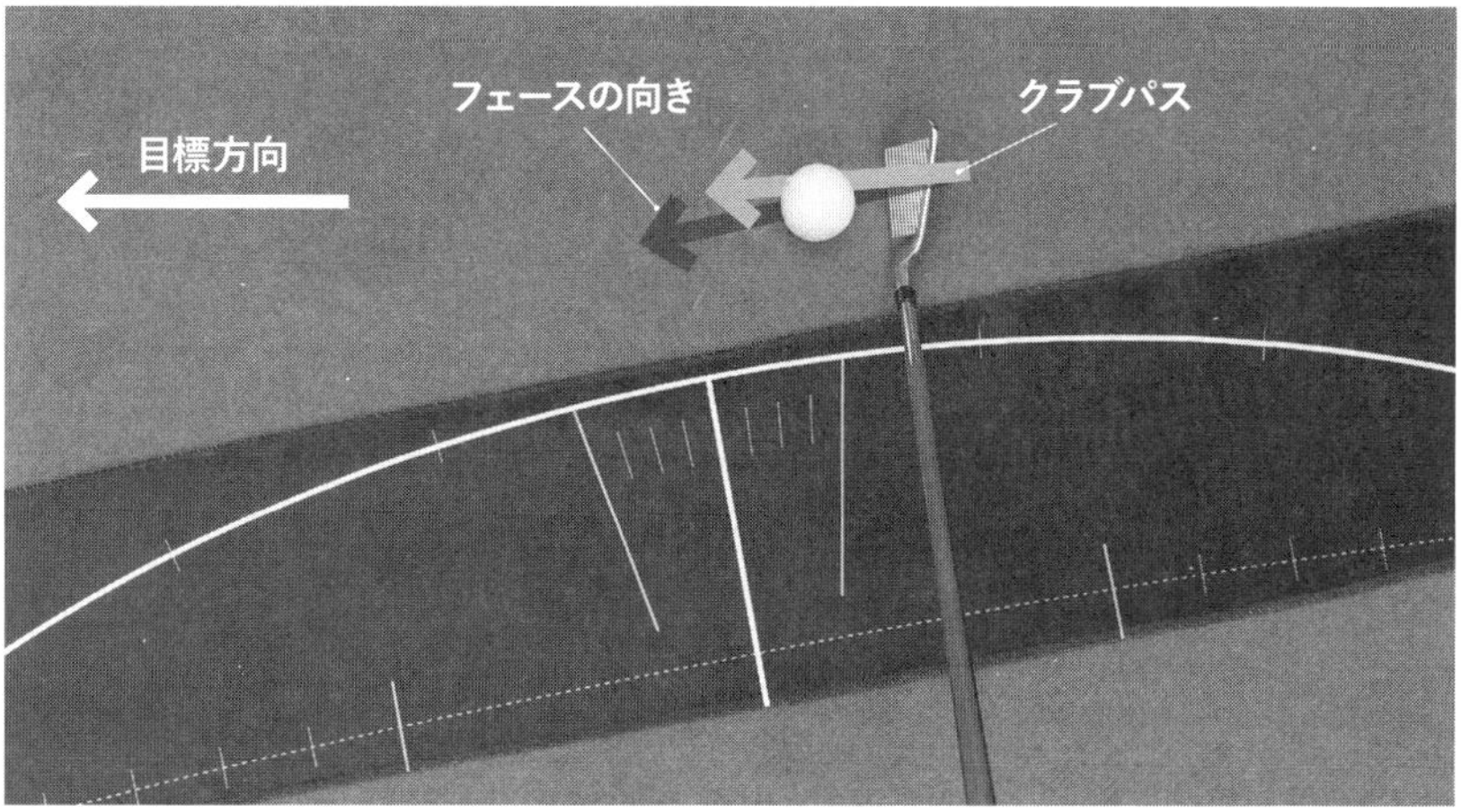

プルフックのふたつめの打ち方は、通常のドローボールの構え方、打ち方をするが、カラダの向きを左にしておく方法

ターゲットに向かって真っすぐ構え、いつもと同じ最下点の手前にボールを置く。フェースの向きを左に向ければ、左に打ち出して、左に曲がる。これがプルフックのひとつめの打ち方

エキスパートゴルファーになるために

Messages from BRANTA #3

# ショット・シェイピングとともに手に入る武器

球筋を打ち分ける技術を身につけると、コース攻略を考える際に想像力が高まっていきます。

たとえばティーショットでは、「右からの風に対して、右に曲げてぶつける」や、「高い球で左に曲げて風に乗せる」といった攻め方のイメージが湧いてくるのです。攻め方の引き出しが増え、選択肢を増やせるため、その中から状況に応じてより確率の高い攻め方や、自信をもって臨めるプレーを選べるようになるという意味で、ホールの攻略において格段に有利となるわけです。

また、グリーンを狙うショットにおいても同じです。「とにかくグリーンセンターを狙う」という段階から、「どういう球でどこに落として、どこに止めるか」を考えて実行する段階に進めます。まさにエキスパートゴルファーのプレーです。まず、グリーンを４等分し、どういう曲がり方でどのエリアに落とすのか。ピンの位置を見て、グリーンの傾斜を見て、グリーンまわりのハザードの位置も見て、考えます。

選ぶ球筋によっては、同じ距離を打つ場合でも番手が変わることもあるはずです。さらにそこに、風の計算が加わると、一番確率が高いのはどれなのか。パッティングで上りのストレートラインを残せるのはどこなのか。９つの球筋の打ち分けが精度高くできるようになってくると、今まで発想できなかった攻め方までもが、どんどん湧いてくるようになります。つまり、より豊かな想像力でゴルフをプレーするという新しい境地に達することができるのです。ぜひ、ショット・シェイピングを身につけて、エキスパートのゴルフを楽しんでください。

第4章

# スクエア・トゥ・ジ・アークの動きを身につける

*Shot Shaping*

4▼1

# クラブパスとフェース・トゥ・パスを意図どおりに調整していくための道筋

3つの上達の基礎として、①ローポイントを安定させる、②飛距離を伸ばす、③予測できる曲がり幅の球を打つ。その3つを手に入れると、ホールのレイアウトなど状況に応じた攻め方を、意図したとおりに実行できるようになっていきます。ターゲットに対してどのような球筋で打っていきたいかを明確に決めながらプレーする。そこにはっきりとした意志をもって臨むことができるのです。

そのために、各場面で必要な球筋をショット・シェイピングするために必要なクラブの軌道＝クラブパスと、クラブの軌道に対するフェースの向き＝フェース・トゥ・パスを理解し、コントロールするスキルを高めていかなければなりません。この章では、実際に多くのゴルファーにそのスキルを身につけていただくためのサポートをしていく中で、問題となりやすいポイント、間違いやすいポイントなどとその修正の仕方について説明していきます。

前半では、クラブパスのコントロールについてチェックポイント①〜⑤を挙げていきます。自分のミスの傾向から考えてあてはまるものがあれば、そのチェックポイントに基づいて修正してみましょう。

ただし、すべてあてはめる必要はありません。また、あてはめるべき適切なパターンを選んで取り入れたとしても、それをやりすぎると逆のパターンのエラーにつながっていきます。また、前提条件が含まれるものもあるため、本当に自分にあてはまるパターンなのかはよく考えていただく必要があります。

ある球筋を打とうと意図したけれども異なる結果の球筋となったならば、なぜそのようなミスが起きてしまったのかを把握することがまず必要となってきます。チェックポイントを列記していくので、自分の打ちたい球筋において該当するエラーパターンの例をご自分にあてはめて修正方法を考えてみてください。

クラブパスは、打球の飛び方を決める重要な要素のひとつです。しかし、そのクラブパスを管理する際に何が大事かというと、ローポイントを一定にすると同時にスイングプレーンの向きを安定させることが挙げられます。クラブパスを意図どおりにするためには、スイングプレーンを目標方向に向けること（プレーンの向きをニュートラルにすること）を目指していただければと思います。

①から⑤までのチェックポイントでは、スイングプレーンが目標に向かない場合のパターンを示し、目指すべきニュートラルとはどのような状態か、どのようにそこへ近づけていくかを説明していきます。

4▼2

# チェックポイント①「アドレス」向きがズレるとプレーンも乱れてしまう

カラダの向きとクラブパス（この場合のクラブパスは、ローポイントにおけるクラブパス）は、同じ方向を向きやすいことが言えます。

ただし、これは絶対ではありません。ご自分のクラブパス、あるいは実際に打っている球筋とカラダの向きをチェックし、あてはまるパターンがある場合には、ここでの記載を参考に修正を施してください。

たとえば、現在アウトサイド・インのクラブ軌道で振っているが、インサイド・アウトの軌道に修正したいケース。もしアドレスが、アウトサイド・イン傾向の写真のようになっていたとしたら、いまアウトサイド・インで振っているのは自然の結果であり、必然的と言えます。インサイド・アウトのクラブ軌道に変えたいのであれば、インサイド・アウト傾向の写真を参考にアドレスを修正してください。

自分の傾向とあてはまると思った方は、まずはここから直してみることをおすすめします。後ろから見て左の肩、腕、ヒザや腰の全部、ないし一部が見えるかをチェックしてみましょう。

## 適切な向き

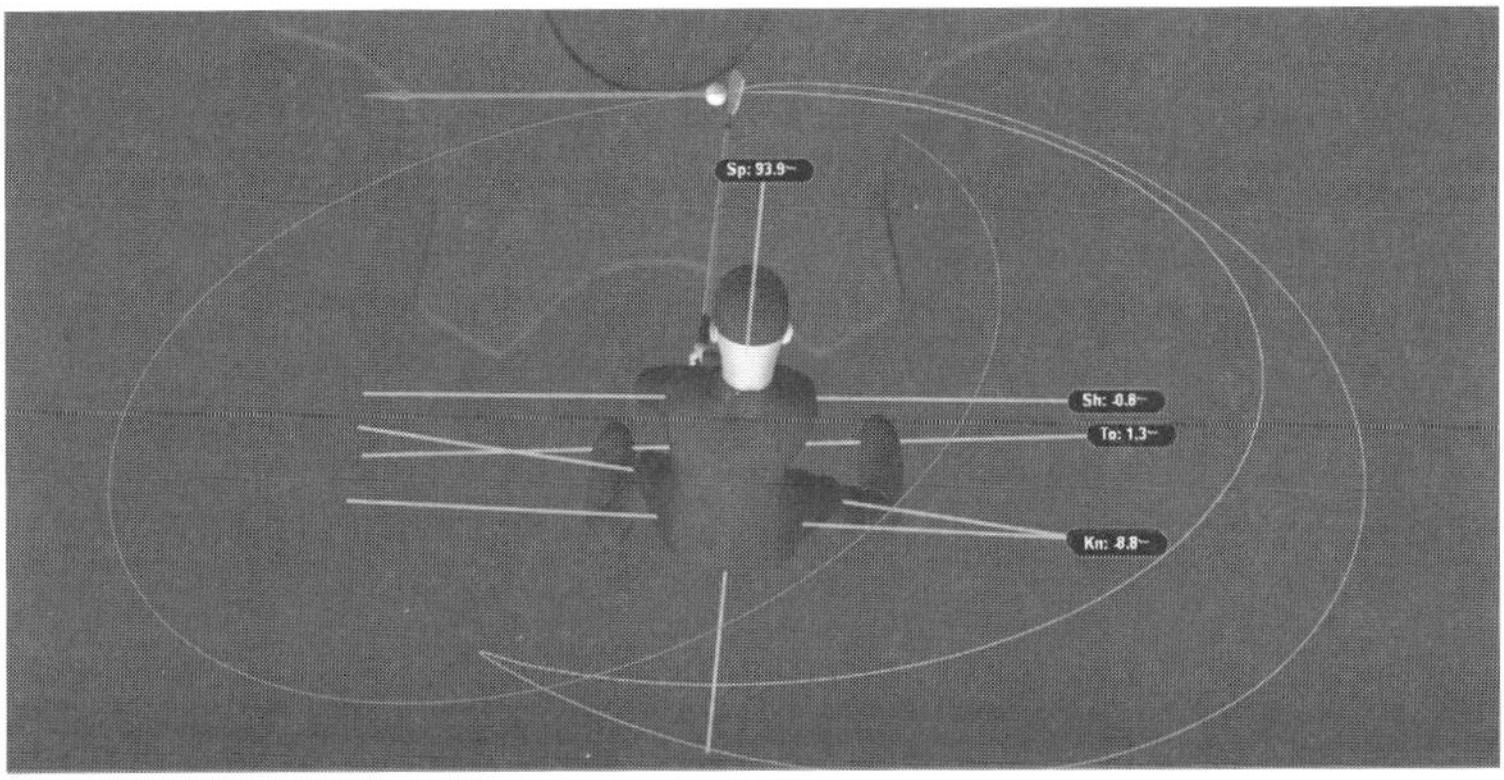


カラダの向きが目標に正確に向いている

## アウトサイド・インの場合

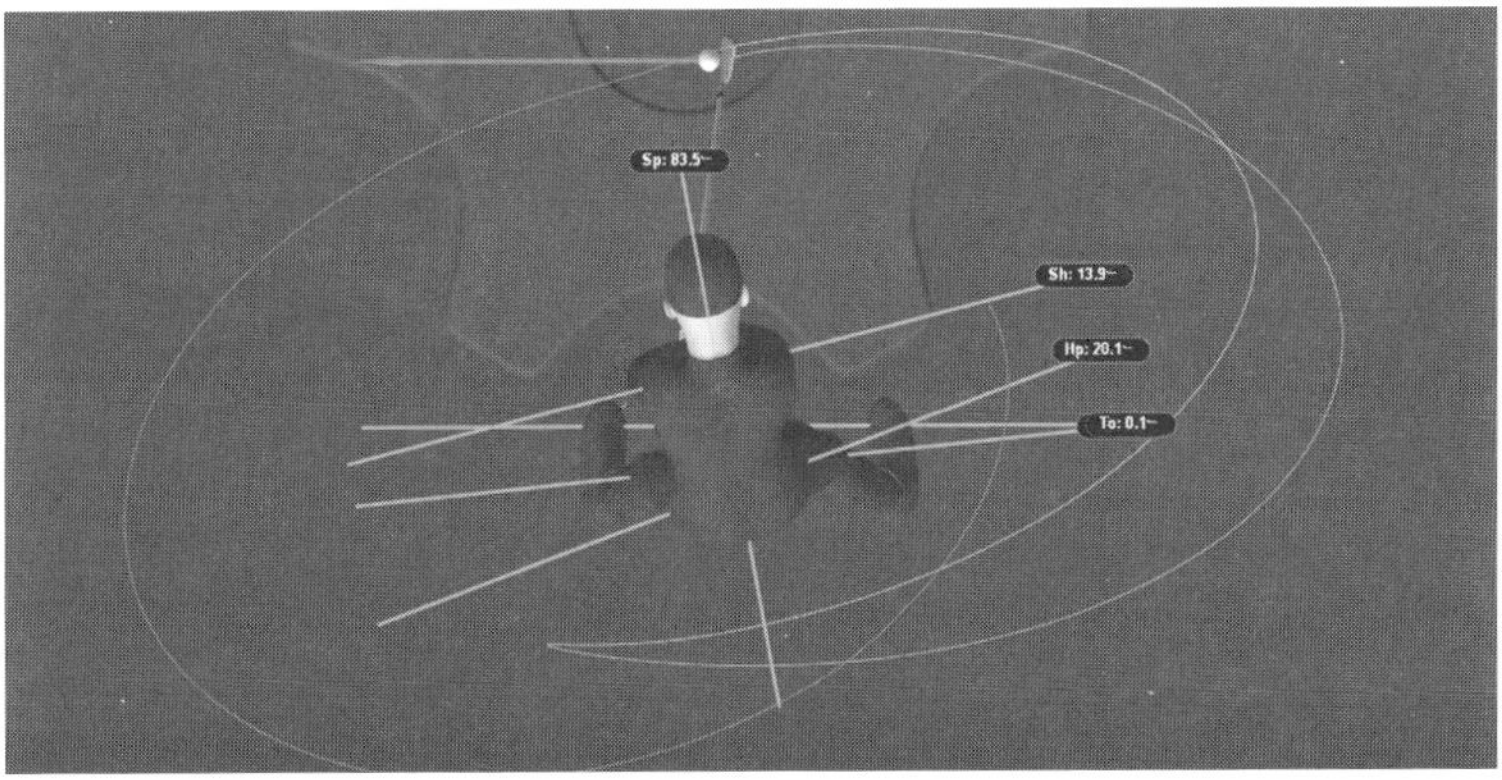


カラダの向きが左を向いていないか？

## インサイド・アウトの場合

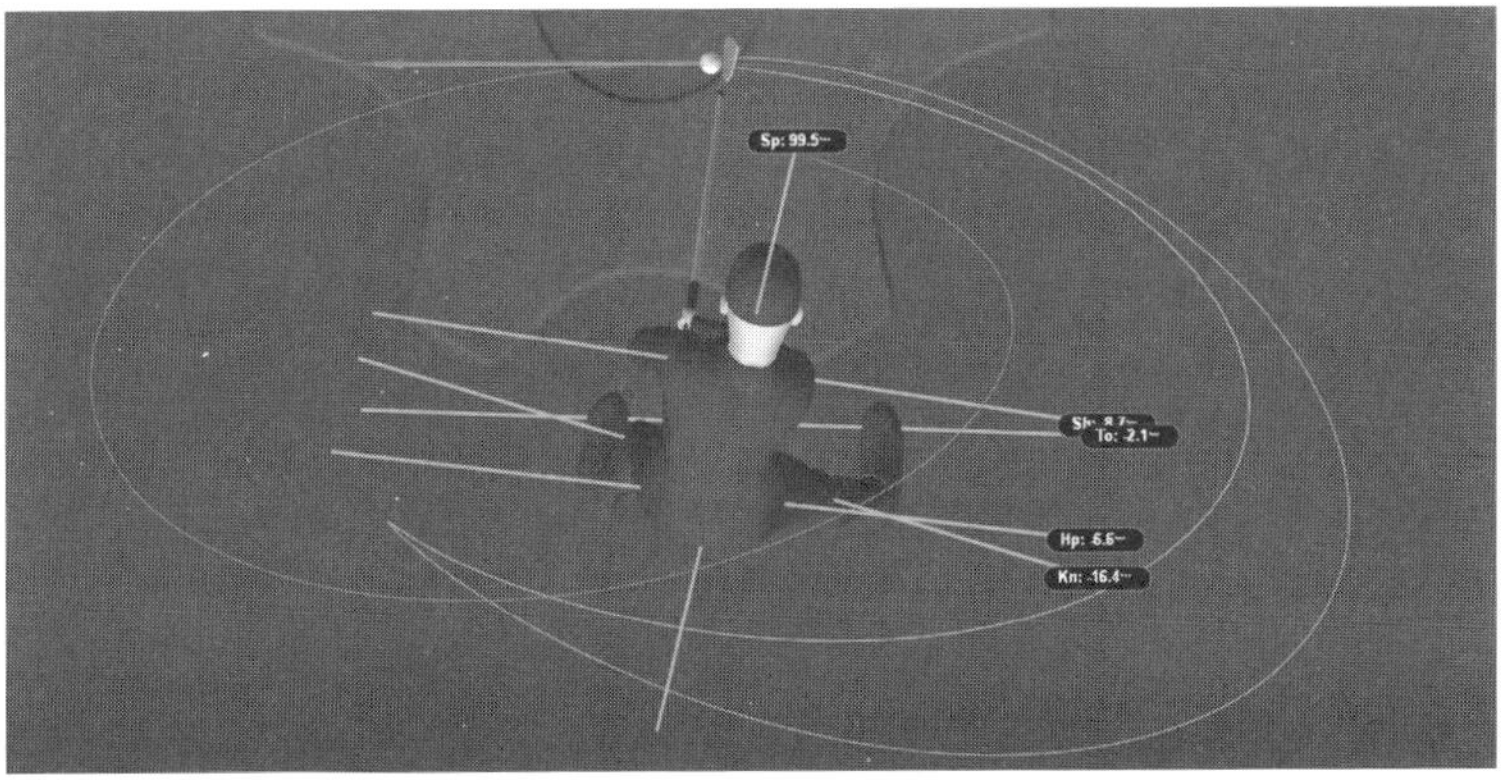


カラダの向きが右を向いていないか？

4▼3

# チェックポイント②「トップの手の高さ」条件次第では修正が必要となる

トップでの手の高さによってクラブパスの傾向を見ることができます。

トップの位置が高すぎる場合には、アウトサイド・イン軌道となりやすくなります。ただし、これには条件があり、バックスイングでのカラダの回転が少なくて手の位置が高い場合などではそうなりやすくなります。しかし、このポジションに行き着くまでの過程が、いわゆる8の字軌道のバックスイングになっている場合には、逆にインサイド・アウト過多となる人もいます。

もし、軌道がアウトサイド・インになりすぎていて、このチェックポイント②のトップの手の位置が高い人は、手の位置を低くすることを意識してみましょう。あるいはバックスイングでの回転を深くしていくことで解決を図ることもできます。

逆に、インサイド・アウトになりすぎている人には、トップの手の位置が低すぎることが原因となっている場合があります。腕だけで低く上げていったり、極端にインサイドにヘッドを引くケースはあてはまります。バックスイングを少し高めに上げるよう修正します。右肩と両手の位置が同じ高さか手のほうが低いという人は、トップが低すぎです。画像の適度な高さを参考に、修正を図ってください。

## 適切な手の位置

適切な高さに手があると、適切な向きのプレーンで振りやすい

## アウトサイド・インの場合

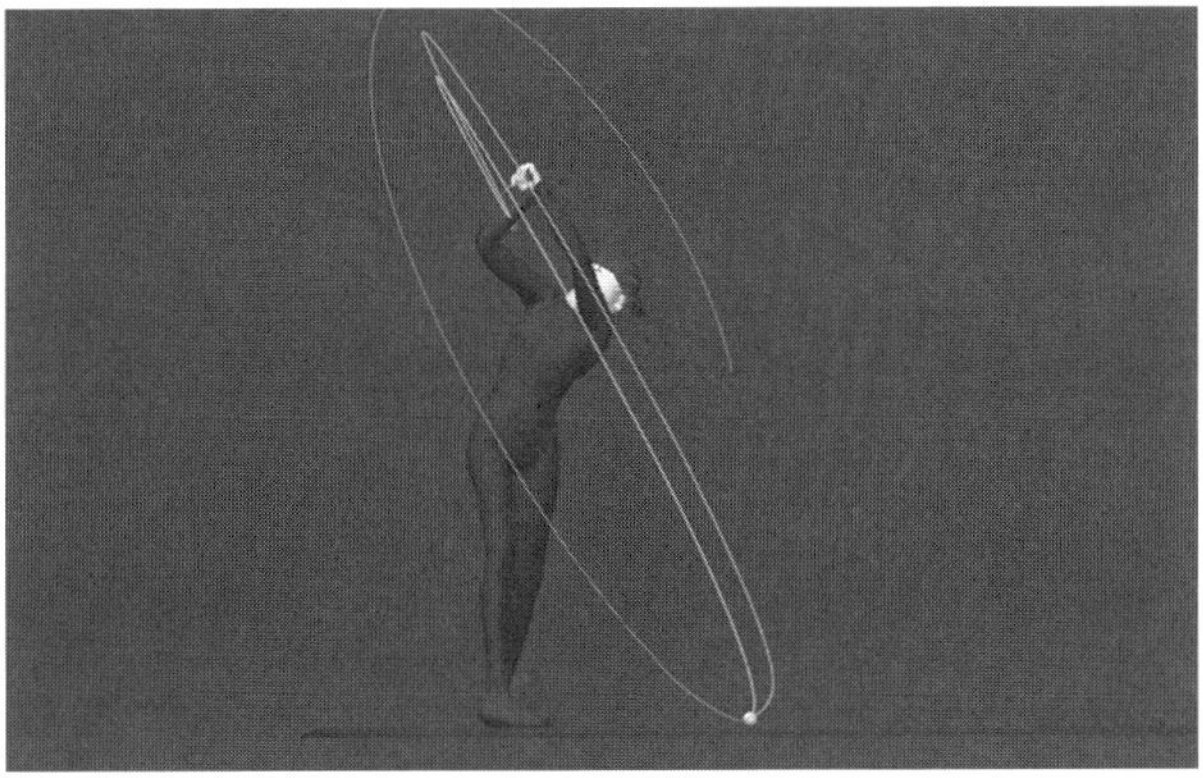

手の位置が高すぎないかを確認する。
※条件：カラダの回転が少なくて手が高い場合はあてはまることが多い

## インサイド・アウトの場合

手の位置が低すぎないかを確認する。
※条件：カラダではなく腕だけで低く上げていく場合、ヘッドを極端にインサイドに引きすぎる場合にあてはまる

## 4▼4 チェックポイント③「トップでの頭の位置」頭が左右にズレる理由と対処法

トップでの頭の位置でクラブパスの傾向を見ることができます。

正面から見たときに、アドレス時よりも頭が左側にある（目標から離れる形）とインサイド・アウトになる傾向があります。この場合、回転が多くなりすぎていることや、カラダがバックスイング中に起き上がってしまっていることが理由として挙げられます。カラダが起き上がると、トップで本来あるべき位置よりも左肩が上がり、右肩が下がります。右肩が下がった状態からダウンスイングをスタートすると、スイングプレーンが右を向きすぎてインサイド・アウトが大きくなり、場合によってはダフリやすくもなります。

一方、正面から見たときに、アドレス時よりも頭が右にある（目標側に近づく形）人は、アウトサイド・インになる傾向があります。この場合、カラダの回転が少なかったり、手の位置がツマ先寄りのポジションになりやすいです。この位置からダウンスイングがスタートすることによってアウトサイド・インに下ろしやすくなります。『ローポイント・コントロール』で解説しているサイドベンド（側屈）が多すぎることが原因で回転が少なくなっているとも言えます。

## 適切な頭の位置

適正な頭の位置にくるように側屈、上下の屈曲伸展、回転などを適切に組み合わせる

## インサイド・アウトの場合

頭の位置が右すぎないか？ 側屈不足。右肩が下がっていないかどうかを確認する

## アウトサイド・インの場合

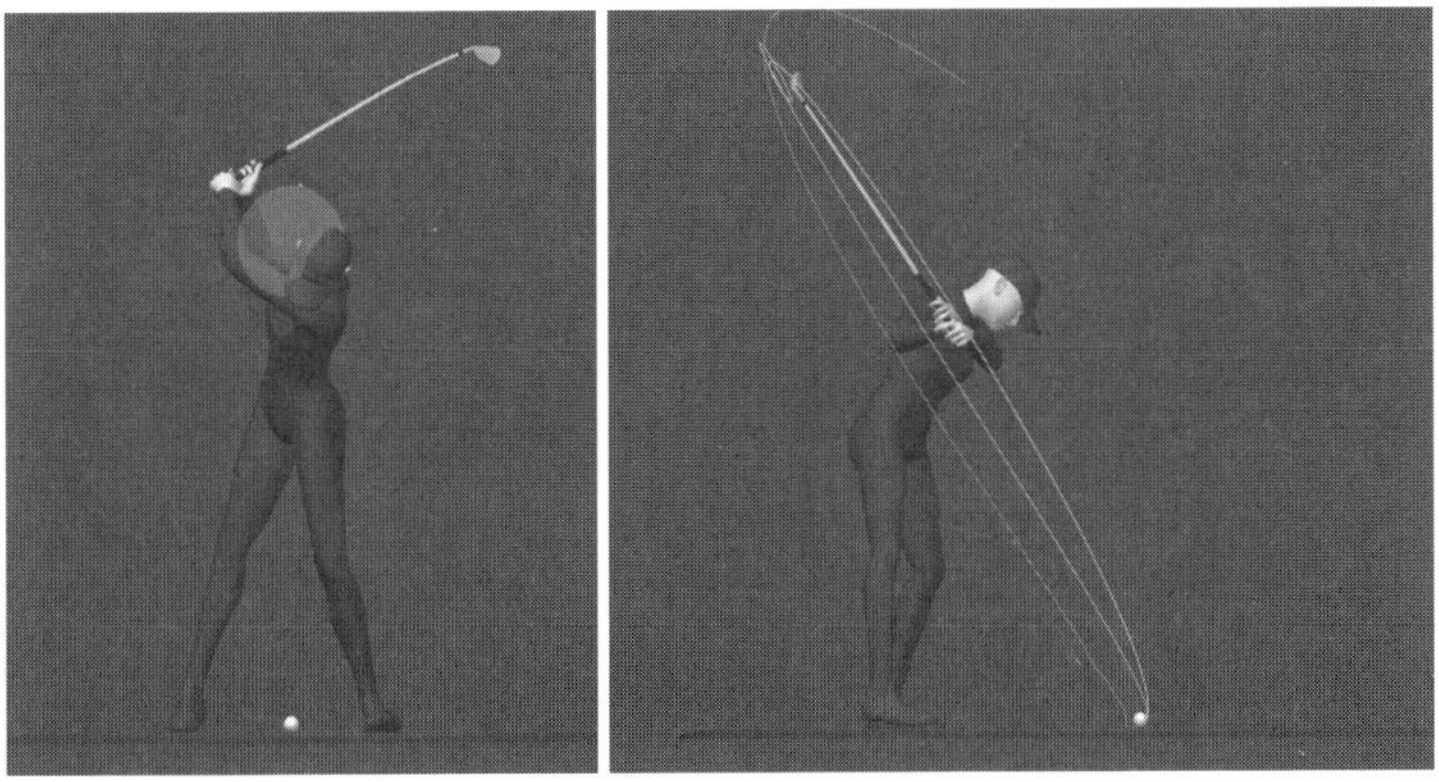

頭の位置が左すぎないか？ 原因は回転量の不足であるかどうかを確認する

4▼5

# チェックポイント④「Ｐ５での手とクラブの位置」手の高さとシャフトの傾きで判断する

ダウンスイングでリードアーム（右利きの場合の左腕のこと）と地面が平行なポジション（世界のゴルフ解説シーンではＰ５と呼ばれている）での手の位置やクラブの位置でクラブパスをチェックすることができます。

手の位置が左肩よりも前方でかつ、クラブを縦に下ろしすぎている場合には、アウトサイド・イン軌道になりすぎている可能性が高くなります。

一方、手の位置が右肩よりも後方でかつ、クラブを横にしすぎて下ろす場合は、インサイド・アウト軌道になりすぎている可能性が高くなります。

シャローイングという言葉が最近はよく出てきますが、ダウンスイングのはじめにクラブを低い位置に落とす動きをやりすぎてしまうとインサイド・アウト傾向が強くなり、ローポイントは手前になりすぎてダフリを誘発してしまうでしょう。

手の位置は前方にありすぎても後方にありすぎても、クラブパスの方向が影響を受けます。ただし、あてはまる条件があるため、自分の今のミスの原因がここで解説している中にあるかどうかを自分自身で、または測定データによって、しっかり確認することが求められます。

※P5＝ダウンスイングで左腕と地面が平行になるポジションを指す（右打ちの場合）

## 適切な手とクラブの位置

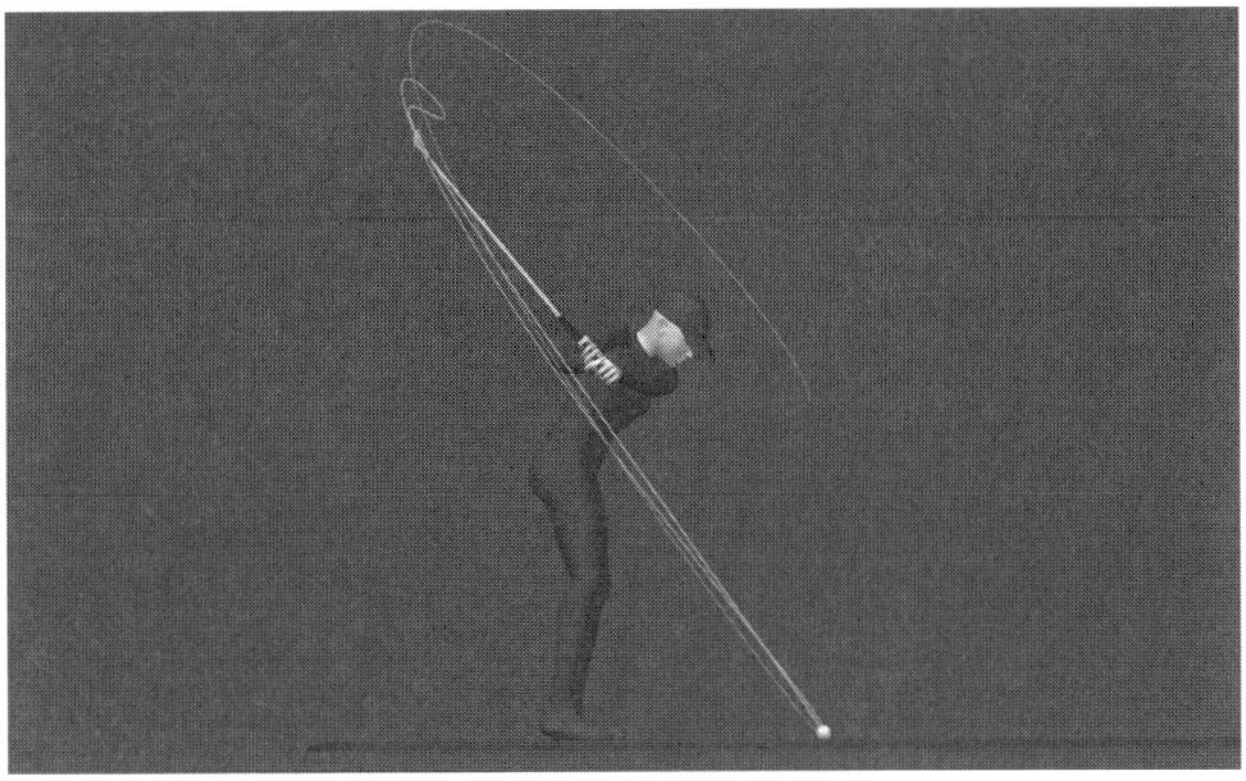

P5で左腕が地面と平行になるとき、飛球線とも平行となると、適切なプレーンの向きで振れている

## アウトサイド・インの場合

手の位置が前方かつクラブを縦に下ろしすぎていないか?を確認する

## インサイド・アウトの場合

手の位置が後方かつクラブを横に下ろしすぎていないか?を確認する

4▼6

# チェックポイント⑤「フォロースルー」シャフト・エグジット（シャフトの出口）でチェック

飛球線後方から見て、フォロースルーでクラブがカラダのどの位置（高さ）から抜けてくるのかによって自分のクラブパスを判別することができます。

フォロースルーでクラブが腰よりも低い位置から出てきている場合は、アウトサイド・イン傾向にあると考えられます。

一方、フォロースルーでクラブが首もしくはそれよりも上から出てきている場合には、インサイド・アウト軌道になりすぎている傾向があると考えられます。

プレーンの向きの修正を図る場合、スイング中のカラダの動きや、バックスイングやトップ、P5などにおける手やクラブヘッドの位置で修正を試みることももちろん可能です。しかし、それらを試みてみてもうまくいかない場合は、この「フォロースルーでクラブが出てくる位置」を意識して修正をしてみるのも有効な作用が期待できるひとつの方法となります。

このチェック法は一般にシャフト・エグジット（SHAFT EXIT：エグジットは「出口」の意味）と呼ばれますが、P8（フォローで右腕が地面と平行のとき）にシャフトがどこから出てくるかを指します。

## 適切なシャフトの出口

シャフトのラインの延長線上でクラブが出てくる

## アウトサイド・インの場合

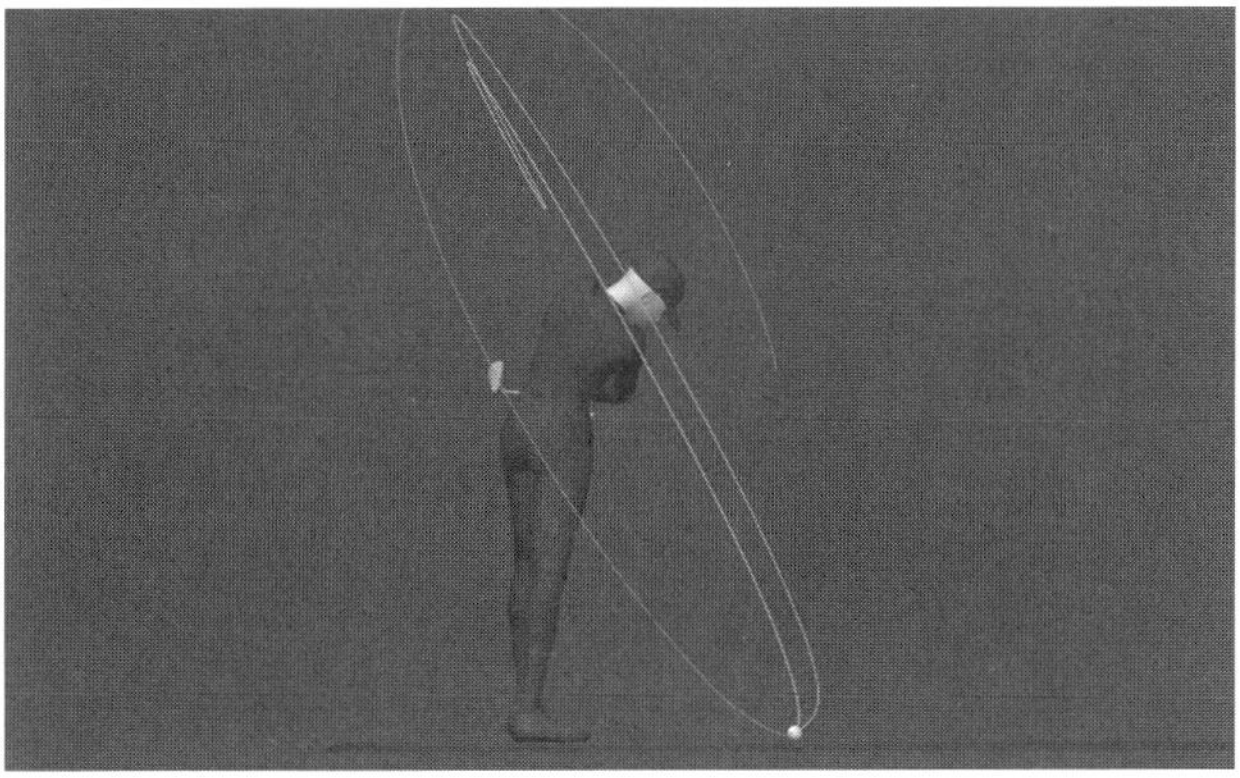

振り抜く方向が低くなるため、クラブが腰よりも低いところから出てくる

## インサイド・アウトの場合

振り抜く方向が高くなるため、クラブが首かそれよりも上から出てくる

## 4▼7 目標に対してのフェースの向きを決め クラブパスに対する向きを計算する

ここからは、もうひとつの「打球の飛び方を決める要素」＝「フェース・トゥ・パス」のチェック方法と実効性を期待できる修正方法について説明していきます。

そもそもフェース・トゥ・パスとは？　ということを復習しておきましょう。

フェース・トゥ・パスとは、クラブパスに対するフェースの向きのことです。クラブパスに対して、フェースの向きが開いていれば右に曲がり（スライス、フェード）、フェースの向きが閉じていれば左に曲がる（フック、ドロー）とされています。

クラブパスの管理の方法については、前項までにお伝えしました。それらがある程度正確に実行できるようになった段階では、残っているコントロール対象は、フェースの向きだけということになります。

フェースの向きについては、ターゲットに対しての向きと、クラブパスに対する向きというふたつの観点でつくっていくことが求められます。しかし、基本的な「自分のスイング（自分の持ち球）」を形成する段階では、クラブパスの管理を、目標に対してニュートラルな向きのスイング軌道を目指したのと同様に、「インパクトでの目標に対するスクエア」を再現性高く実現できるようにしておくことをおすすめしています。

そして、ひとたびフェースの向きを目標に向ける技術と感覚を身につけたならば、ショット・シェイピングのためにそれを意図的に開いたり閉じたりしてインパクトするのはごく簡単です。「スクエアの感覚」に少し足したり引いたりする、あるいは握り方を変えてアドレスの時点からフェースの向きを決めておく。あるいはローポイントに対するインパクトの位置関係でフェースの開閉状態を調整する。あるいは手、腕やカラダの使い方で調整する自分なりの方法を見つけられるかもしれません。

画像は、私たちが指導している一般ゴルファーのフェースの向きのデータです。アドレスで目標に合わせたものと、その状態からスイングし、インパクトで開いていたケースと閉じていたケースのデータです。開いていた場合は閉じる要素を強める、閉じていた場合は開く要素を強めることで修正していきます。

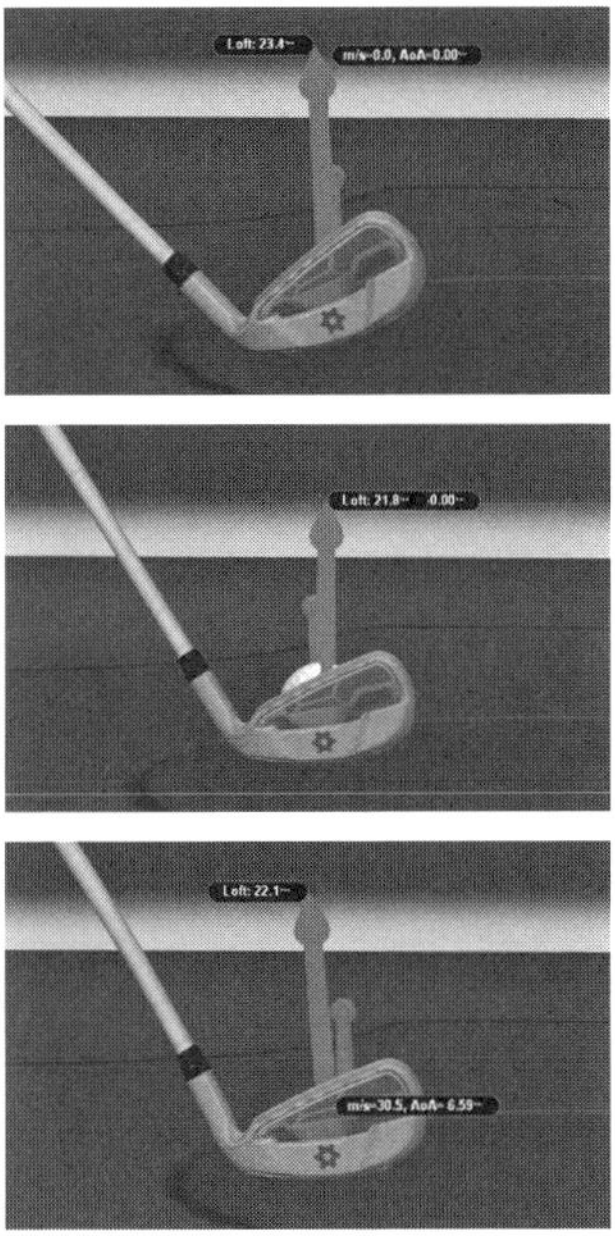


フェースの向きのコントロールは、アドレスでフェースの向きを目標に合わせて、インパクトでそれを再現できるようにしておく。誤差がでている場合の調整法をここから紹介していく

4▼8

# チェックポイント⑥「グリップ」右手だけ、左手だけ、両手とも変えられる

グリップを握る向きはインパクト時のフェースの向きに、とくに大きな影響を与える要素です。

フック（ストロング）グリップはフェースを閉じやすくします。

ウィークグリップはフェースを開きやすくします。

フック（ストロング）とウィークの２種類というより、それぞれ細かく度合いを変えることもできます。

フェースが意図しているより開きすぎているならグリップをストロングに、閉じすぎていたらウィークに握る角度を変えることで調整できます。

グリップは、左手だけ、右手だけ、両手の３パターンで調整を加えることができます。それぞれのパターンごとに、少しずつ向きを変えて打球結果がどう変わるかを見ていきます。ただし、グリップの変更はスイングへの違和感に大きく影響を与えるため、変更するかどうかは、慎重に判断しましょう。

フックグリップとウィークグリップについて画像を参考に自分のミスの傾向と照らし合わせて確認してください。

## フェースが開きやすい人の傾向

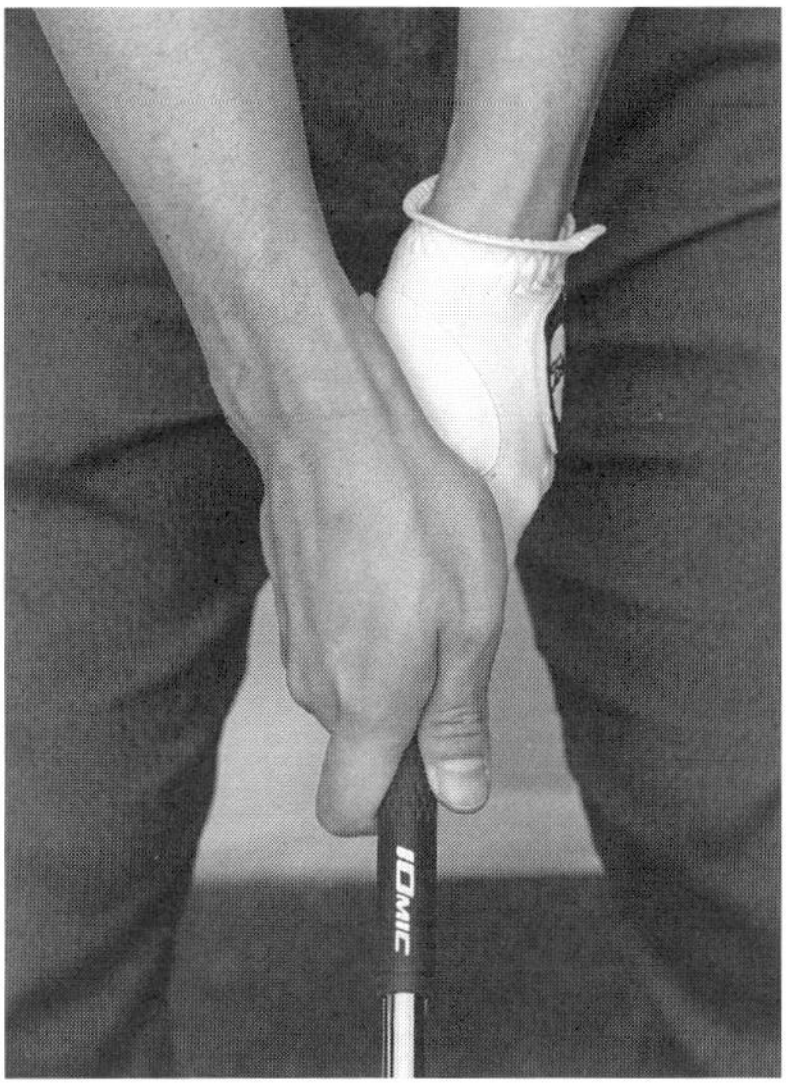

ウィークグリップになっているため
フェースが開きすぎているのだとし
たら、フック目に変えてみるといい

## フェースが閉じやすい人の傾向

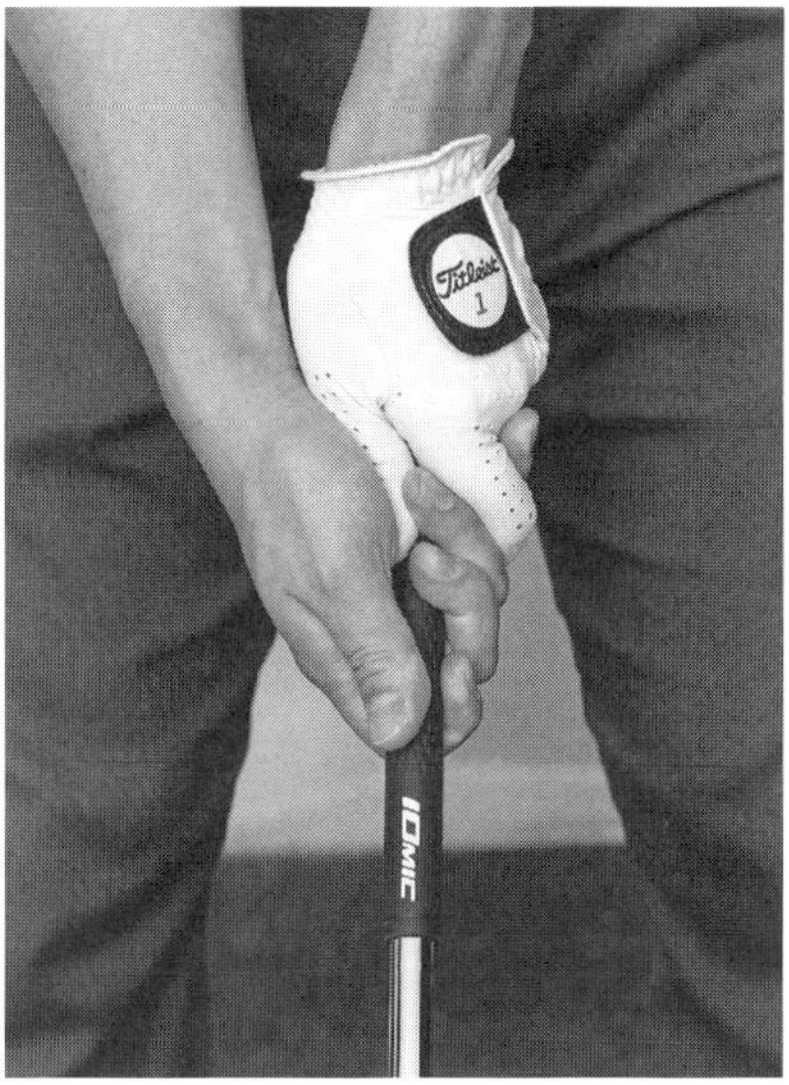

フック（ストロング）グリップにな
っているためフェースが閉じすぎて
いるのだとしたら、ウィーク目に変
えてみるといい

## 基準的な向き

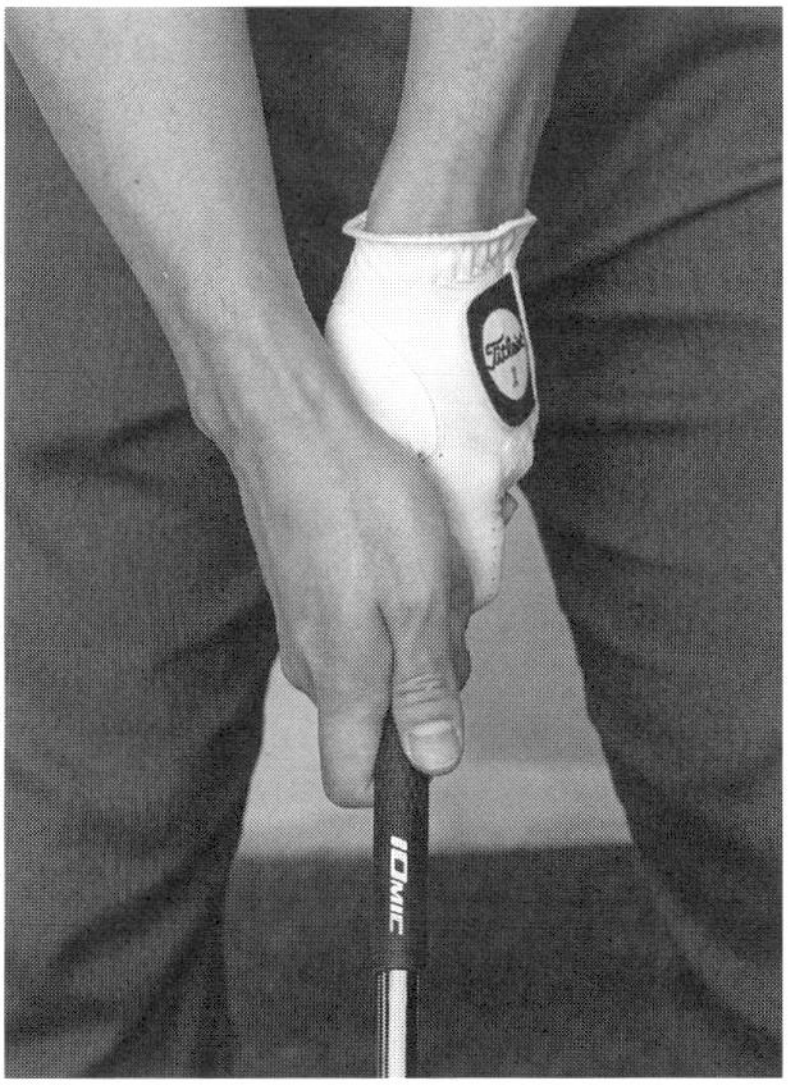

ニュートラルグリップ。「ニュートラル」というが基準となる向きが明確にあるわけではなく、ウィークとストロングの中間という意味

4▼9

# チェックポイント⑦「フェースの向け方」フェースをどう向けて構えるかで調整できる

グリップに関しては、握る向きとは異なるチェックポイントとして、クラブの握り方（セットの仕方）があります。

そもそもボールに対してセットする際に、フェースを閉じてクラブを握っている人は、インパクトでもフェースを閉じやすくなります。

一方、フェースを開いてセットして握っている人は、インパクトでもフェースを開きやすいです。

基準としては、ライ角どおりにセットし（トゥを少し浮かす）、なおかつリーディングエッジをターゲットに向ける（スクエアにする）状態で、グリップをつくります。しかし、この基準がすべてのゴルファーにとって絶対というわけではありません。フェースをインパクトで意図どおりの向きにコントロールできるのであれば、その握り方で良いのです。

握り方だけを問題とするのではなく、グリップの向きと合わせて、そもそも自分のクラブをどのように握っているかチェックしてみましょう。そして、違和感をもたずに結果を変えられる組み合わせを探してみてください。

## フェースが開きやすい人の傾向

フェースを開いて握っていると、インパクトでもフェースが開きやすい

## フェースが閉じやすい人の傾向

フェースを閉じて握っていると、インパクトでもフェースが閉じやすい

## 適切な握り方

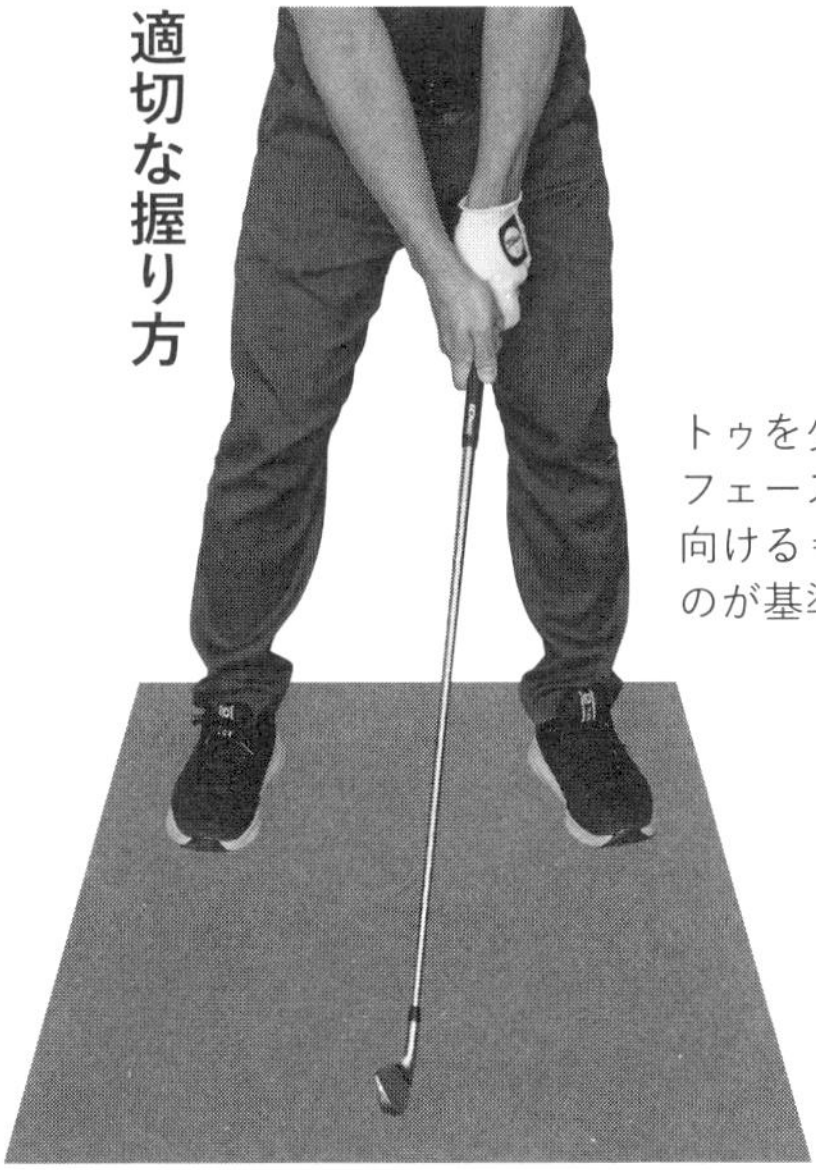

トゥを少しだけ浮かせ、フェースをターゲットに向ける＝スクエアにするのが基準となる

4▼10

# チェックポイント⑧「P2」クラブが地面と平行のときのフェースの向き

P2とは、バックスイング時にクラブが地面と平行になる時点のことです。P1がアドレスなので、動き始めて最初のチェックポイントになります。このタイミングでのフェースの向きを飛球線後方から見てチェックします。

目安としてのスクエアは、リーディングエッジが上半身の前傾角度のラインと平行になっている状態です。

スクエアよりリーディングエッジのラインが前傾角度より浅くなり、前や上を向いているのがフェースが開いている状態です。インパクトでフェースが開く人は、この時点でフェースの向きが開いている傾向があります。

一度開いてしまったフェースは、閉じる方向に戻すことが難しくなっています。とくに近年の大型のドライバーヘッドではその傾向が強まります。

逆に、閉じすぎている人は、地面方向にフェースが向きすぎています。

このポジションでのフェースの向きをチェックし、インパクトでのフェースの向きのエラー傾向に合わせて調整を加えます。⑥のグリップの向き、⑦のフェースの向け方を変えても変化がみられない場合は、P2での向きをチェックしてみましょう。

## フェースが開きやすい人の傾向

P2の時点でフェースが開いていると、インパクトでフェースが開きやすくなる場合がある

## フェースが閉じやすい人の傾向

P2の時点でフェースが閉じていると、インパクトでフェースが閉じやすくなる場合がある

## フェースがスクエアの人

前傾姿勢とクラブフェース（リーディングエッジのライン）が同じ角度になっているのがP2での基準的な向き

4▼11

# チェックポイント⑨「トップの手首の角度」グリップの向きによって手首の角度は異なる

トップ・オブ・スイング（トップ）の位置でもチェックします。トップは、P4とされています。

この時点での左手首（右打ちの場合）の角度の違いでフェースは開閉します。

一般的には、左手首が手の甲側に折れている（背屈）ときにはフェースは開いています。クラブフェースの向きで言うと、正面方向に向いているのが開いている状態です。この時点でフェースが開いていると、インパクトでも開いた状態になりやすくなります。

一方で、左手首を手のひらの方向に折り曲げる(掌屈）ときにはフェースは閉じています。クラブフェースの向きで言うと、上空に向いているのが閉じている状態です。この時点でフェースが閉じていると、インパクトでも閉じた状態になりやすいです。

ただし、トップでの手首の折れ方だけでは、必ずしも閉じている、開いているということが言えません。理由は、グリップの握り方とのコンビネーションで考えないといけないためです。極端なフックグリップで握っている場合、左手首は、背屈していてもフェースは閉じている可能性があります。そのため、手首の折れ方だけではなくフェースの向きも同時にチェックしなければ意味がありません。

## フェースが開きやすい人の傾向

トップで左手首が背屈している、グリップを握る向きによってはこれでフェースが正面を指す（開いている）ため、開いたインパクトになりやすい

## フェースが閉じやすい人の傾向

トップで左手首が掌屈している、かつフェースが上空を指している場合は閉じたインパクトになりやすい

## 目安としてのスクエア

トップでフェースが正面でも上空でもなく適度に斜めを向いている状態。グリップを握る向きによっては、手首が真っすぐになる

4▼12

# チェックポイント⑩「Ｐ７での手の位置」アドレス時に対するインパクトの手の位置

インパクト時の手の位置によってフェース開閉の傾向をチェックすることができます。インパクトはＰ７とされています。

一般的には、インパクトで手がアドレスの位置よりも著しく高い位置にある場合は、クラブはトゥダウンをする割合が増えるためフェースが開きやすい傾向があります。

一方、手の位置が低ければ低いほど、クラブのトゥは上がるためフェースは閉じる傾向にあります。

ただし、インパクトで手の位置が高い場合、腕のローテーションの量も増えやすい＝フェースが返りやすくなるため、手の位置が高いのにフェースが閉じすぎて左に曲がりやすいというケースもあります。

目安となるインパクトでの手の位置は、アドレスの位置より少し高くなります。

プロでもアドレス時よりインパクトではわずかでも手元は高くなっています。絶対ではありませんが、手元が低くてフックして悩んでいる人はほとんどいないと考えて良いでしょう。インパクトの瞬間の画像を切りとって判断するとこのようなことが言えますが、動きの中での形であることを考慮しながらチェックをしてください。

## フェースが開きやすい人の傾向

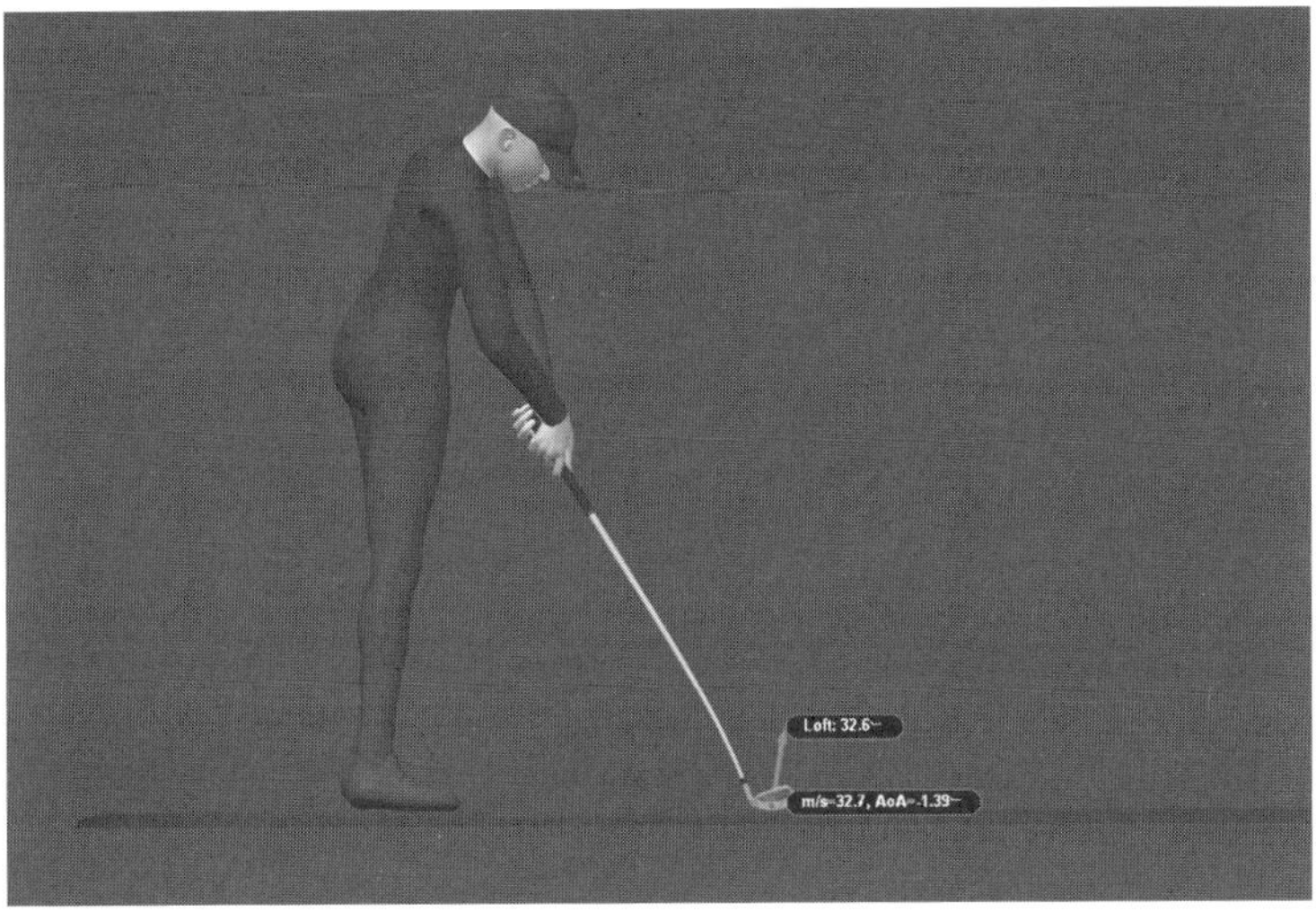


インパクトで手元が高い＝トゥダウン＝フェースは開く

## フェースが閉じやすい人の傾向

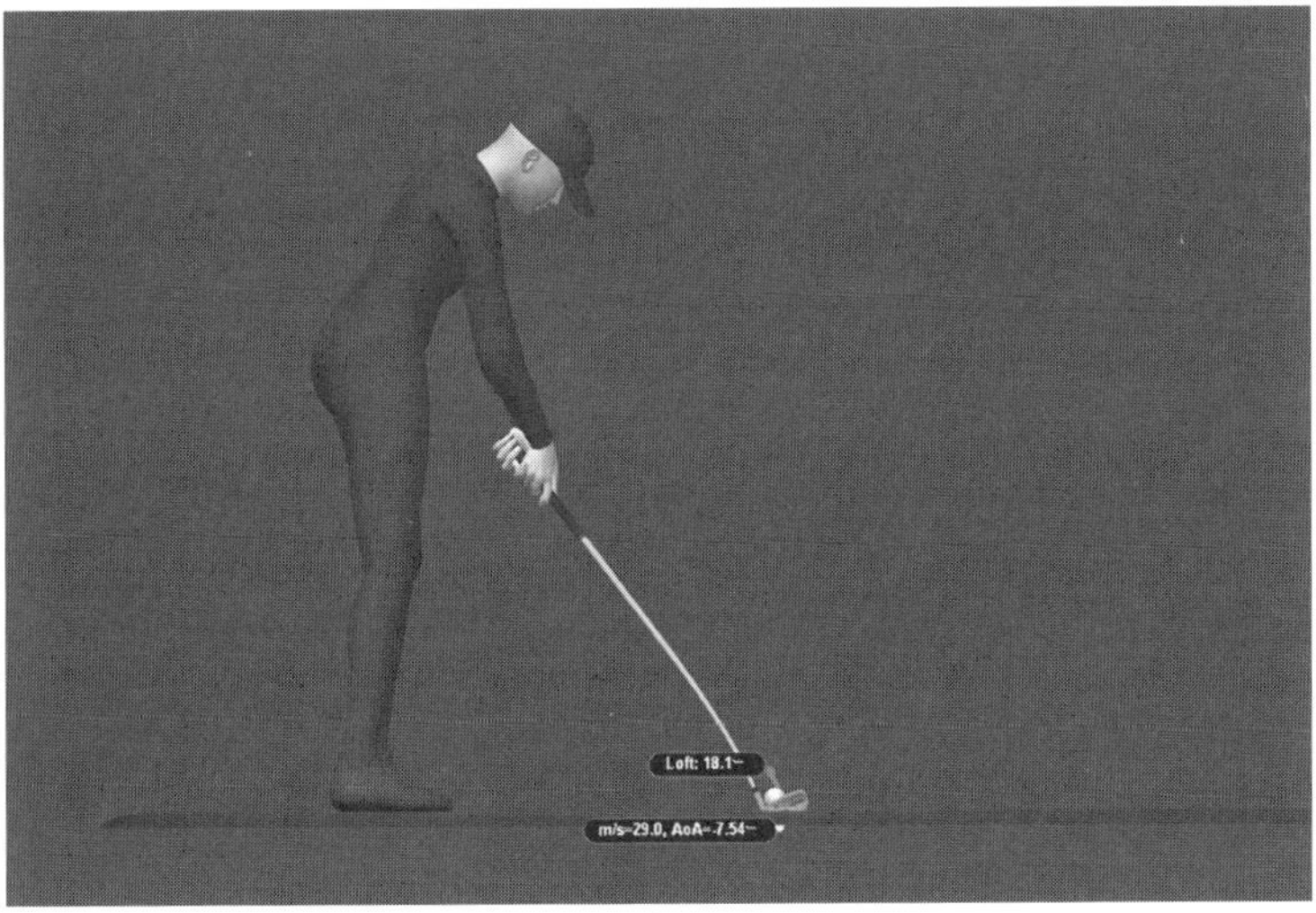


手元が低い≒トゥアップ＝フェースは開きにくい

4▼13

# チェックポイント⑪「P8のフェースの向き」フォローでのフェースの向きでも修正可能

フォロースルーでのフェースの向きで、インパクトでフェースの開閉をチェックすることができます。フォロースルーの流れの中でもとくに、シャフトが地面と平行になるタイミング（Ｐ８）でのチェックを紹介します。

飛球線後方、または左ページの画像のように目標方向からフォロースルーでのフェースの向きを見て、フェースが下を向いている場合は、インパクトでフェースの向きが閉じすぎている可能性が高いと言えます。

一方、フェースが上を向いている場合は、フェースが開いている可能性が高いと言えます。

もちろん、グリップを握る向きによっても違ってきますが、目安として目指していただきたいのは、Ｐ８でフェース（リーディングエッジのライン）が前傾角度と平行になっている状態です。

バックスイングやトップでフェースの向きの修正を試みてもうまくいかない場合でも、フォロースルーでの向きに意識を向けていると修正の効果が出る場合があります。ぜひお試しください。

## フェースが閉じすぎる人の傾向

フォロースルーでフェースが下を向いている。この動きは左手首が掌屈しすぎていたり、腕のローテーションが多い場合に見られる

## フェースが開きすぎる人の傾向

フォロースルーでフェースが上を向いている。この動きは左手首が背屈していたり、スイングプレーンが右を向きすぎている場合に見られる

4▼14

# チェックポイント⑫「ライ角」ライ角によるフェースの面の向きの誤差

この項目は、スイングとは異なる観点からのチェックポイントになります。クラブの構造のチェックです。

　クラブのライ角がそもそもアップライトすぎたり、フラットすぎる場合にもインパクトでのフェースの閉じすぎ、開きすぎという現象が起こり得ます。

　使っているクラブのライ角がわからない場合には、各メーカーのホームページで該当するクラブについてのデータが掲載されているかもしれません。

　ゴルフ工房で実際に自分に最適なライ角を確認してもらい、それにご自分のクラブが合っているかをチェックし、必要に応じて調整をしてもらうことをおすすめします。スイングを修正したらボールが左に行くようになったという場合は、クラブの影響である可能性があります。チェックポイント⑩「Ｐ７での手の位置」のチェックにおいて手元が高かった人が低い位置に修正した場合に起きやすい傾向です。

　以上のように、スイングだけでなく、クラブの影響も同時に考慮しながら、フェースの向きのコントロール精度を高めていってください。それがショット・シェイピングを実行するための土台となります。

インパクトの際、手が高い位置にあるとフェースは右を向きやすくなり（右）、手が低い位置にあるとフェースは左を向きやすい（左）。手が適切な高さになってきたときに左に打ち出す場合は、スイングではなく、クラブのライ角を見直すことで、打ちたい方向に打ちやすくなる

エキスパートゴルファーになるために

Messages from BRANTA #4

# ショット・シェイピングが メンタルにも好影響

「このホールでは右から左に打ったほうがいいな」と判断したり、あるいは判断とは言わないまでも「左から右に打ちたいな」というようなひらめきをもってプレーに臨める人とそうでない人では、ホールを攻略し、その積み重ねとして18ホールでスコアをまとめるという点において雲泥の差が生じます。

ショット・シェイピングの方法がわかっていれば、理屈に合う向きで構え、適切な位置にボールを置けば、必ずそういう球が出るのですから、あとは振るだけです。「こうすればこうなるはず」と自信をもって臨めますし、やるべきことが明確に見えていて、メンタル的にもノイズのない状態になりやすいため、イメージどおりにカラダが動きやすい。

しかも、ミスが出たとしても、構える向きが悪かったのか、フェースの向きの管理ができていないのか、クラブパスの問題か、原因の見当がすぐにつくので修正もしやすくなります。

つまりメンタル的に、心の中の整理ができているので、ミスも出づらい状態でプレーできるし、ミスをしても原因がわかるので引きずることもありません。

しかし、方法がわかってない人はただ、軽く曲がってくれればいいなと思いながらボールを打つだけになります。それではやるべきことが鮮明に整理されていないだけでなく、不安などのノイズも生じやすい。ミスが出やすいのです。そして実際にミスが出ると、「うわー、何でだろう？」と原因も把握できない状態に陥ります。これでは次のプレーですぐに立ち直ることも難しく、流れが悪くなってしまいます。

第5章

*Shot Shaping*

# ショット・シェイピング
# スキルの磨き方

## 5▼1 多様な要素をパズルのように組み合わせ状況に適したショットを組み立てる

9つの球筋に加え、さらにいろいろな種類の球筋を打ってみましょう。

まず、低い球なら、打ち方を組み立てていく中で、球を低くするパズルのピースを足していけば良い、ということになります。

たとえば、ボールの位置を右に移動して入射角を鋭角にする、ロフトを立てる。カラダを左に向けるとローポイントが左に移動しますが、ボールを同じ位置に置いておけばこれもボールを右に置いたのと同じで入射角が鋭角になります。また、上体を左に傾けても、入射角を鋭角にできます。動きの中でも打ち出しを低くできます。あるいは、フォローを低い位置にとどめると、ヘッドスピードが上がりきらずにインパクトできるので、スピン量が減り、低い球になります。

これをフェアウェイウッドやハイブリッドで打つと、元々低い球が打てるクラブですが、さらに低い球になります。

見た目にはそれほど「違うことをしようとしているわけではない」ように映ると思います。すること自体は違和感なくできる範囲の違いで、しかし結果としては大きく違ったものにできるわけです。

## 5▼2 低いドローを打つための練習をしコースで同じことができるかを確認する

風が強いときなど、低いドローを打ちたいという場面がありますが、いろいろな種類の球筋の一例として紹介しておきましょう。

まず、通常の構え方をします。ドローを打つので、ボールの位置はローポイントの手前でクラブパスはインサイド・アウト、フェースは目標に対して右、クラブパスに対して左に向けます。

そこに、球を低くする要素を加えていきます。ボールを真ん中寄りにし、フェースを真正面に向けます。ボールがローポイントよりだいぶ手前になるので、クラブパスはインサイド・アウト。それでフェース・トゥ・パスがクローズなので、必ずドローになります。しかも、ロフトが立っていますから、低いドローが必ず出ます。「真っすぐ出てフック」の低い球が出ます。どのくらいのボールの位置ならどのくらい曲がるか、それを練習場で確かめておいてください。

それをコースでどう使うかというと、右に向いて構え、その打ち方をするだけです。そうすると構えた向きに低くボールが出て必ずフックします。まずはそうした成功体験を重ねることも大事なことだと考えています。

## 5▼3 あるＰＧＡ選手が意図的に実行している球筋

あるＰＧＡ選手が実際にツアーで使っている球筋とその打ち方を紹介しておきます。フェースの向きとクラブパスを組み合わせて球筋を打ち分ける方法を理解すれば、応用としてこういうことも考えられる、という例です。

まず、ボールを少し左に移動します。左足の親指の前くらいで良いでしょう。そして、左足の位置を変えずに、カラダの向きを右に向け、スイングプレーンを右に向けます。そうすると、いつものボールの位置から、かなり左に動かした位置になります。

そのボールの位置で、クラブパスがターゲットに対してインサイド・アウトになるように向きを微調整し、フェースを目標の右、なおかつフェース・トゥ・パスをクローズにしておきます。つまりドローです。

入射角はローポイントをだいぶ過ぎた後なので、アッパーである程度角度がつき、かつフェースが閉じて当たるため、ロフトが少ない状態でインパクトを迎えられます。そのため、バックスピン量が少ないけれど打ち出し角は十分に高い、という結果になります。それらを組み合わせると、徹底的に低スピン、高打ち出しかつ右に出て左に戻ってくるドローボールとなるわけです。

①

②

③

①ティーを高めにし、通常のボールの位置から、②少し左に移動する。③左足の位置を変えずにカラダのラインを右に向ける。これでクラブパスをインサイド・アウトに。フェースの向きはやや開くが、フェース・トゥ・パスをクローズにすると、スピンの少ない高打ち出しのドローボールが打てる

5▼4

# プル系を打つときの注意点。フェースの閉じ方はごくわずかで良い

ここからはショット・シェイピングを試みる際に、多くの人に共通してみられるミスについて考察していきます。なぜ球筋の打ち分けができないのか、そして的確に球筋の打ち分けを成功させるには何が必要かといった説明になります。

はじめに、プルを打つときの注意点を説明します。プル系の球、つまり左に出てから真っすぐ飛んだりどちらかに曲がったりする球ですが、基本的にはインパクトでクラブフェースが左を向いている必要があります。

これを意識して打った結果、左に飛び出すけれど右に返ってこないとか、意図していた方向よりさらに左に行きすぎるというケースがあります。多くの場合、原因は単純にフェースコントロールが一定にできていない、またはボールを置く位置が最下点から離れすぎていることです。フェースの開閉の度合い、ボールの位置を動かす度合いについて、成功するためにはどのくらい必要なのか、実はわずかで良いということを確認してください。

また、左に打ち出して左に曲がってしまう場合に多いのは、ライ角がアップライトすぎるクラブを使っているケースです。クラブを確認すると良いかもしれません。

左に打ち出そうとする際、フェースを返す動きを自分でつくろうとする必要はない（左）。手を返さない意識をもって打っても（右）クラブパスとフェースの向きの組み合わせで、左に打ち出す3つの球筋を打つことはできる

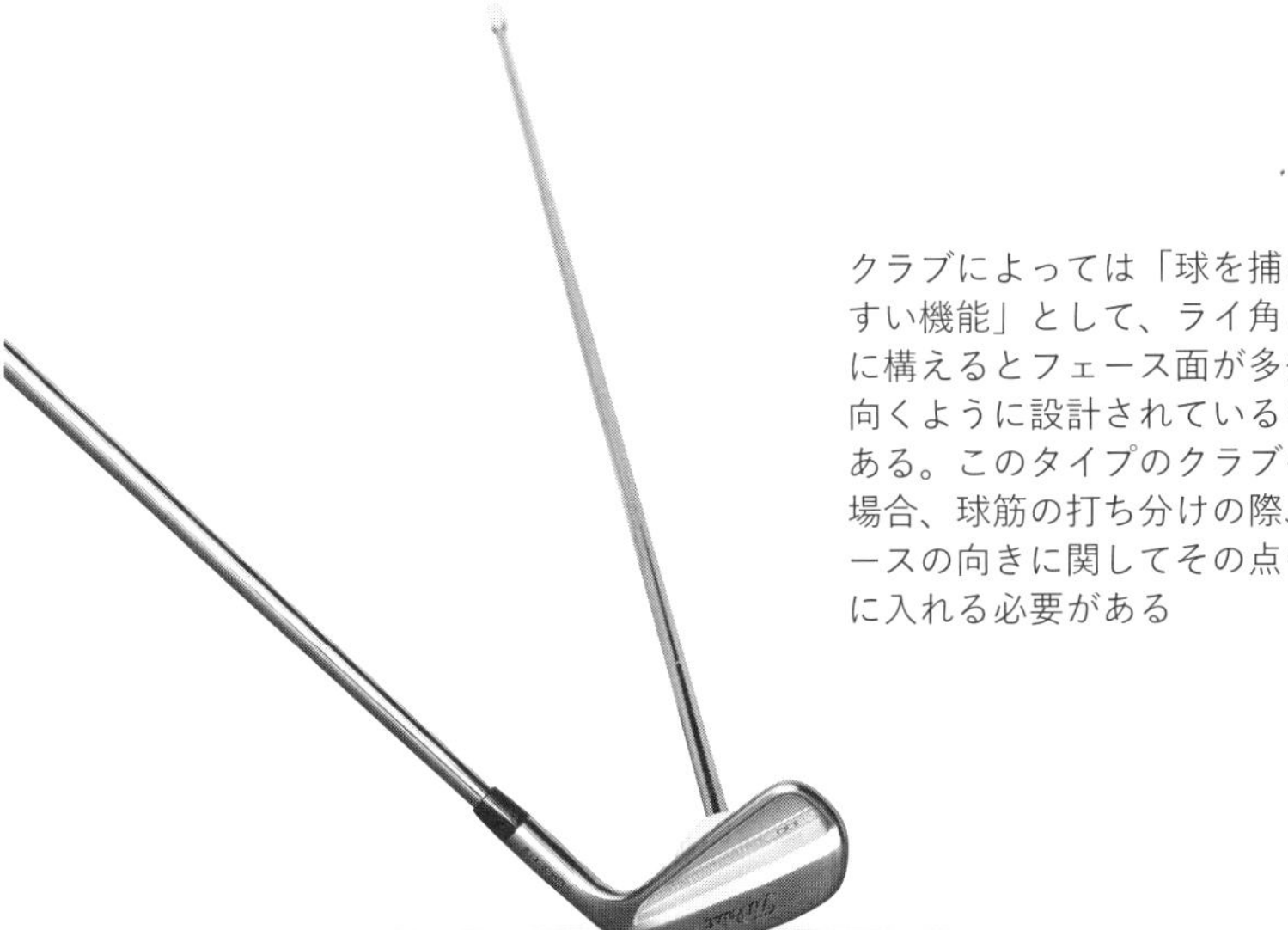

クラブによっては「球を捕まえやすい機能」として、ライ角どおりに構えるとフェース面が多少左を向くように設計されているものがある。このタイプのクラブを使う場合、球筋の打ち分けの際、フェースの向きに関してその点を考慮に入れる必要がある

5▼5

# ドライバーが苦手な場合①
# スライス、フックを修正する方法

ドライバーでスライスやフックが出る場合の対応を考えてみましょう。

スライスする人はクラブを上げたときにフェースが開いた状態になっていることが多いです。写真㋐のような状態は、軌道に対して開いているということを理解してください。フェースがオープンになっている状態のまま下ろしてきてインパクトするので、右に飛び、右に曲がってターゲット方向からどんどん離れて行ってしまいます。そのため、次にプレーのできるエリアになんとか収めようとして、アウトサイド・インの軌道で振って左に打ち出そうとするわけです。しかし、そうするとフェース・トゥ・パスがさらに開くので、曲がるし飛ばないという結果になります。

逆に、クラブを下ろしてくるときのフェースの向きが閉じていて、フックを打ってしまっているケースもあると思いますが、対策としては同じになります。

クラブを上げたときにフェースがスクエアになる向き（写真㋑）で、グリップをつくることがひとつ。あるいは、スイング中にフェースのローテーションをする量を変えてみること、またはやはりスイング中の左手首の掌屈や背屈の量を変えること。どれが合うかは、人によって違いますから、練習場で確かめてください。

㋐トップのときにフェースが開いていると、インパクトでもフェースが開く、フェース・トゥ・パスがオープンになり、右へのミスが出やすくなる

㋑トップでシャフトとフェースが同一平面に乗る状態になるのがスクエア。この状態にするための手首の角度や握る向きを見つけることが重要

インパクトゾーンの入口でフェースがスクエアでプレーンに乗っていれば、フェースを無理に返す必要がなくなり、インパクトゾーンの出口でも正しいヘッドの位置とフェースの向きになりやすい。そうすれば、インパクトでフェースが真っすぐターゲットを向く可能性が高まる。そのようなスイングならば、クラブパスが多少左右に向いたり、あおり打ちするクセがある場合でも、それほど悪い球にならなくなる

5▼6

# ドライバーが苦手な場合②テンプラ、トップを修正する方法

　次に、ドライバーのテンプラとトップが出る場合です。このふたつは正反対の動きです。入射角が鋭角すぎるダウンブローで打つと、クラブがボールの下を通り、ヘッドの屋根部分（クラウン）がボールに当たって高く上がります。逆に超アッパーブローでインパクトしようとすると、フェースの下側がボールに当たってトップになります。

　超ダウンブローになるのは、実はプレーンの向きがかなり左を向いた打ち方になっている場合があります。プレーンの向きを左にするとローポイントは左に移動しますが、その位置に対応し直すのを忘れて同じボール位置のままで当てようとすると、ローポイントからボールが遠く離れているため、超ダウンブローになるわけです。

　反対に、超アッパーブローに当てに行くのは、プレーンの向きがかなり右を向いている打ち方だから、ということも言えます。これも本来なら、ローポイントがかなり右に移動したはずなのに、その点に対応した位置にボールを置いていないがために、アッパーブローが過剰になりすぎたと言えます。

　そのため、テンプラやトップの対応は、まず、クラブを振る方向を目標方向に合わせて振るようにすること、なのです。

ローポイントのあたりにティーアップしても、プレーンが左に向きすぎていたら、ローポイントは左（ボールの先）に移動するので、元の位置にあるボールに当てようとすると鋭角すぎる入射角になり、フェースの上側に当たってしまう

ローポイントのあたりにティーアップしても、プレーンが右に向きすぎていたら、ローポイントは右（ボールの手前）に移動する。そのため、ローポイントを過ぎて上昇していくヘッドの下側に当たってしまう

## 5▼7 フェアウェイウッドとハイブリッドがうまく打てない場合

フェアウェイウッドとハイブリッドのミスはかなりの部分共通しますので、まとめて説明します。そもそもまともに当たらないことが多く、ダフったりトップしたりというミス、または右に抜けたように飛んでいくミス、これらは原因も共通しています。

最下点がボールの手前になっているのです。ボールの近い手前ならダフり、少し離れるとアッパー軌道でボールに当たってトップになります。最下点が手前になるのは、振っていく方向が右だからです。過度にインサイド・アウトで振ると、フェースのローテーションが間に合わず、開いた状態で当たるため、右に飛んでしまうのです。

また、振っていく方向を修正していく過程で、今度はアウトサイド・インの向きまで逆ブレしてしまうことが往々にして起きます。そうすると、低く左に飛び出します。バックスピン量が増えてしまうので当たっている感覚ほど飛ばなくなったり、ヘッドが地面に突っかかって振り抜きづらくなったりします。この軌道で、フェースだけ目標に向けようとすると、強いスライスになってしまいます。

どちらの状態の場合もまずはじめは、振っていく方向を目標方向に近づけることを意識して修正するのが良策だと思います。

スイングプレーンが右を向いてしまうと、ローポイントはボールの手前に移動する。ローポイントがボールの手前に移動すると、ダフったりトップしたりという結果になる。フェアウェイウッド、ハイブリッドクラブで「当たりが悪い」と感じるときは、まず振っていく方向が意図どおりか確認する

5▼8

# 初・中級者のアイアンで出るミスはダウンブローを身につける基礎になる

アイアンで出る傾向については技術レベルによって違ってきます。

まず、初心者から中級者までに多く見られるのはプレーンが左を向き、アウトサイド・イン軌道でスイングしているケースです。

プレーンが左を向くとローポイントはボールの先に移動し、ヘッドが地面に当たるより前にボールに当てられます。つまり、ボールにうまく当てられるようにはなりますから、エラー的な動作だと気づきづらいかもしれません。

ただ、アウトサイド・インで上からボールに入れて当たりが強くなると、さらに強くしようとして入射角をもっと鋭角にしようとしがちです。ボールをつぶして低く打ち出すことになりますが、同時に右へのミスが出やすくなり、その曲がり方も大きくなるわけです。

そうなると、当たりが強くなるとしても、飛距離が出なくなったり、予定外に曲がってしまう事態に陥りやすくなるわけです。

ただ、しっかり打つことはできているので、振る向きをできるだけ目標方向に戻していくという修正をしていくとショットが良くなっていきます。

上の写真が7番アイアンでの適度なボールの位置だが、下の写真のように左方向に振っていくと、ローポイントは実際には左にズレているのに、それよりかなり右にあるボールに当てに行くことになる。その結果ダウンブローにはなりやすい。アイアンでうまく打つ条件をひとつ身につけたことになるので、それを活かしながら修正していくといい

5▼9

# 上級者のアイアンで出るミスは「球を捕まえよう」という意識

上級者に多く見られるアイアンのミスは、インサイド・アウトでボールを捕まえる技術を身につけたことで起きやすくなる現象です。

インサイド・アウトで振ることによってボールが捕まって距離が出ているという側面もあります。しかし距離が伸びた原因はそれだけではなく、ローポイントが右に移動することでアッパー軌道でインパクトし、球が高く上がるようになったことに加え、フェース・トゥ・パスをクローズにし、ロフトを立てて当てていることにもあるのです。

ローポイントを右に移動していても、それなりの技術と感覚があるのでダフったりはせず、うまくボールに当てることはできるわけです。ただし、アッパー軌道でのインパクトなので球は高くなります。適度に高く上がるのなら良いのですが過剰になるとやはり飛ばなくなってしまいます。

また、インサイド・アウトが過剰になるという側面からみると、球の曲がり幅が大きくなることになりますから、グリーンセンターを狙って左に外すミスが出てきます。

この場合もやはり、振っていく方向をターゲットに真っすぐ向けることと、フェースの向きをターゲットに向ける精度を高めましょう、というのが修正の仕方になります。

クラブを振っていく方向を右に向ける、つまりインサイド・アウトの軌道で当てるのは、ボールを捕まえる要素になり、飛距離を伸ばすことにつながっていく。しかし、振っていく方向のズレが大きくなると飛距離が出なくなったり、捕まりすぎて左に大きく曲げるなどのミスにつながる

5▼10

# 傾斜地で出るミスはアウトサイド・インのプレーンで修正

コースで地面のボールを打つ際に気をつけていただきたいことがあります。練習場のマットの上は平らなので、なかなか気づきにくい傾向だと思います。

どのクラブでも基本的に、スイングプレーンの向きが過剰にインサイド・アウトになっていると、どのような傾斜でも共通して同じミスが出やすくなります。

平らなライならインサイド・アウトの度合いが多少大きくても、うまい具合にボールを拾うこともできます。しかし、それが傾斜地では難しくなるからです。ローポイントが右に移動していることに対応しきれず、ダフったりトップしたりというミスに直結してしまうのです。

とくにツマ先上がりのライでは、ボールがいつもより高いところにあって、スイングプレーンがいつもよりフラットになることで、自然にインサイド・アウトにクラブが動いてしまうため、必要以上のインサイド・アウトになりやすいのです。

ツマ先上がりのライでもそれ以外の傾斜地でも、きれいに当てやすいのはアウトサイド・インです。スイング中にバランスがとりづらい条件下では、少しアウトサイド・インで振るほうがボールをミートしやすい、ということを覚えておいてください。

ツマ先上がりのライでは、インサイド・アウトに振りやすい。だが、それではボールが捕まりすぎるミスが出やすくなる（上）。ツマ先上がりも含め、スイング中にバランスを崩しやすいライではアウトサイド・インで振るほうがダフらずにボールに当てやすい（下）

5▼11

# シミュレーターを利用して まず打ち出し方向の精度を高める

弾道測定器やシミュレーターなどの機材が普及してきています。ご自分でお持ちでなくても、練習場で利用できる場合なども多くなっていますので、活用法を紹介しておきましょう。

まず、機材を使えば、出球の方向が目標方向とどのくらい誤差があったのかを数値で把握できます。エキスパートゴルファーであってもズレを0度にする必要まではなく、ドローヒッターであれば多くの場合2度から4度くらいの幅でボールを右に打ち出すといいと思います。

狙う弾道としては、ドローボールなら右に打ち出し、真ん中方向へ戻ってくるわけですが、さらに細かく分析し、センターラインより右に落ちて、転がってセンターラインに近づいていくという弾道に落ち着けるようおすすめしています。

この弾道を実現するには、曲がり幅の小さい人なら打ち出し方向が1〜2度右になりますし、曲がり幅の大きな人なら2〜4度程度となるわけです。

その打ち出しの向きに安定させることを目指して、フェースの向きを調整する練習をすると良いでしょう。

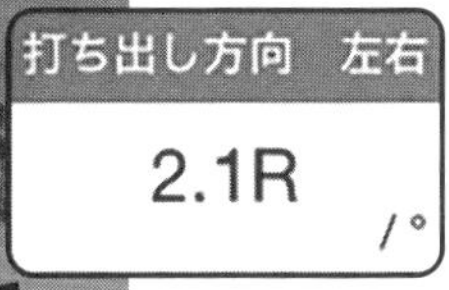


打ち出し方向が右2.1度の実例

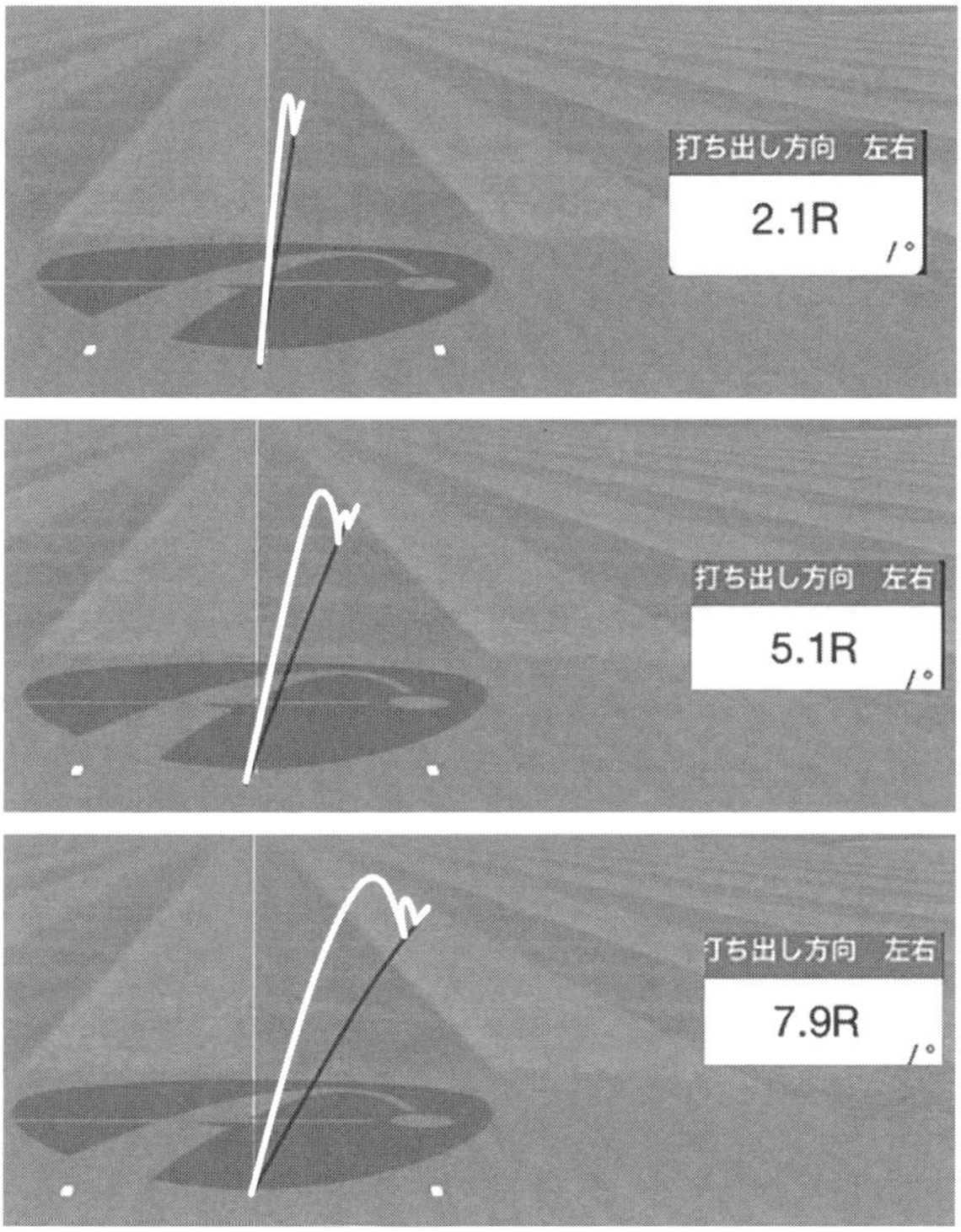


フェースの向きをコントロールするトレーニング。打ち出し方向の角度を小さな値から大きな値へ1球ごとに変化させていく。次は大きい値から小さな値。厳密に2.0度などの数値を打ち分ける精度ではなく、まずは意図して「より大きく」「より小さく」変化をつけられるようにできれば良い

5▼12

# スピンの傾きと量を把握してクラブパスをコントロール

シミュレーターや弾道測定器を使ってショット・シェイピングのスキルを高める方法としては、次にクラブパスのコントロールを考えたいところです。

クラブパスがどの向きになっているのかは、シミュレーターが弾き出すサイドスピンの量もしくはスピン軸（ボールの回転軸）の傾きで確認することができます。

右に出てセンターに戻ってくるドローを打つなら、まず前項のようにクラブパスをインサイド・アウトで安定させます。その次の段階として、インサイド・アウトの角度の安定を目指しましょう。サイドスピン量で説明すると、アイアンでは、横のスピンが中級者なら５００回転、上級者は３００回転になるようにコントロールできるようにするのが目安です。ちなみに「ぜんぜん曲がらない」といわれるようなプロで測定値は１００回転以下、普通に「きれいなドロー」と言われる弾道で５００〜７００回転といったところです。

そして第3段階として、狙いどおりの右方向に飛び出させて左に戻ってこさせる球筋に仕上げていきます。これまで説明した「フェースの向きのコントロール」と「クラブパスのコントロール」をかけ合わせるとできるわけです。

打ち出し方向が右3.3度。スピン軸は4.3度左なので、わずかに左に曲がった。打ち出し方向とスピン軸の数値を見ることでフェースの向きとクラブパスがどのようだったかを推測することができる。そこから理想へ近づけていくための調整を加えていく

## さらに身につけたいスキル

シミュレーターを活用し、以下の球筋の打ち分けもできるようにしておくこともおすすめだ。①9つの球筋を打って、それぞれどのくらい散らばるのかを確認しておく。②曲がり幅を小さくする。③高い球、低い球の打ち分け。④バックスピン量をコントロールする（適正なバックスピン量は、その番手の数字×1000。ただ、人工芝で打つ場合はそこから800回転ほどマイナスした数値が最適バックスピン量となる）。

5▼13

# 練習場でも打ち出し方向の確認を最優先事項として常に行おう

シミュレーターや弾道測定器がない練習場での練習法を提案しておきましょう。

最重要事項として取り組んでいただきたいことは、ボールがフェースの向いている方向に（または、自分が向けていると意識している方向に）飛び出していっているかどうかの確認です。

最初はフェースを正面に向けるように意識して打ってみましょう。ボールの先に、飛球線に沿って棒などを置いておき、そのライン上に打ち出します。意図どおりに打ち出せていれば合格です。ズレる場合は構えた時点でのフェースの向きを調整します。

次は棒を1本加え、斜めに放射状に置きます。初めは右側に置きましょう。そしてフェースを開いて、2本の棒の間に打ち出されるのを確認します。クラブパスは0パスで。さらに、少しインサイド・アウト。そしてアウトサイド・インでも打っておきます。3パターンとも、フェースが開いていれば右に出ます。軌道ではなく、フェースの向きにしたがってボールが飛び出していくことを確認してください。

さらに、右に置いた棒を左に置き換え、フェースを左に向けて、同じように3パターン打ち分けてください。

ボールの50〜80cm先に細い棒を置き、その上を通るように打つ。手首の使い方、グリップの握り方で、フェースの向きは変えられる（上）。次は１本棒を右側に放射状にズラして置き、その間にボールを打ち出す。クラブパスは、アウトサイド・イン、0パス、インサイド・アウトと３パターンとも、右に打ち出せるようにする

5▼14

# 練習場でもクラブパスの管理の精度を高める練習はできる

ふたつ目の練習メニューは、さまざまにクラブパスを変え、フェースの向きを変えながら、ボールの曲がり方を確認する練習です。

インサイド・アウトのクラブパスではフック回転がかかりやすいはずです。インサイド・アウトの度合いを変え、さらにフェースの向きも変えて、そのふたつの関係であるフェース・トゥ・パスをさまざまに変えてみましょう。

これらをコントロールすることで曲がり幅をいろいろ変えられることを確かめると同時に、慣れておいてください。

クラブパスを変える方法はいくつかありますが、最初はカラダの向きを変えてみましょう。クラブパスのガイドラインとなるように、カラダのラインに平行に細い棒などを置き、カラダの向きに沿ってクラブを振ります。まずは大きく右を向いて。そして右に向く度合いを少しずつ減らしながら打ち比べます。最後に少しだけ右を向いた状態で打ち、そして、ストレートを経て、左側でも同じように打ち比べてください。

次は、ターゲットラインに対してスクエアに立ち、ボールの位置を変えることでクラブパスを変え、ボールの曲がり幅が変わることも確かめておいてください。

スイングプレーンの向きを変えてクラブパスを変えて打つ
練習（上）。さらに、ボールの位置を変えることでクラブ
パスを変えて曲がり幅を確かめる練習（下）もおすすめ

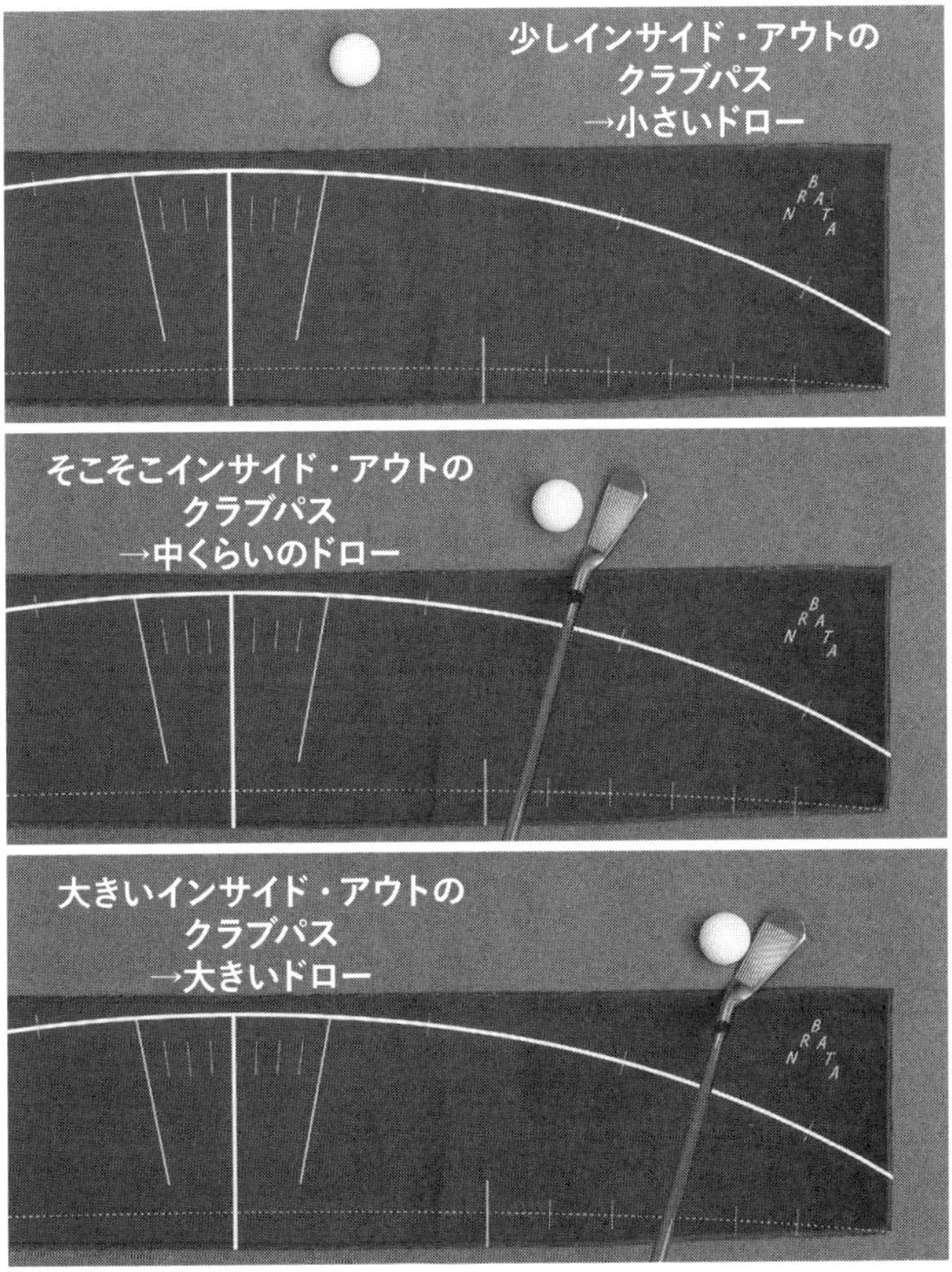


ボールの位置もいろいろ変えて打ち比べもしておいてほしい

# あとがき

まず、この本を手に取り、読破してくださった読者のみなさま、ありがとうございました。

前作では、アメリカのどのコーチでも指導で意識している『ローポイント・コントロール』の理論を一冊にまとめることができ、日本に新しい考え方を広めることができたのではと思っています。実際、アマチュアからプロまで多くの方々にローポイントという考え方が浸透したのでうれしかったです。

今回の『ショット・シェイピング』は、感覚でプレーされている方でも取り入れやすい内容だと思います。この本の内容に沿ってボールを打てば、そのとおりの球が出るからです。実際、私たちが日米でみている選手の中には個性的なスイングをしている選手もいますが、フォーム的なことはほとんど指導せず、この本に書いた内容のことしか指導しなかったりします。ただ、スイングにも取り組みたいという選手には、ローポイント・コントロールがやりやすいスイングに取り掛かり、ショット・シェイピングの精度を上げていく、ということをします。

そのような中で、この本を書かせていただきたいと思ったのは、みなさんがもっとゴルフコースを攻略できるようになれば、プレーがより楽しくなるのではないかと思ったからです。

日本で練習場に行くと、ほとんどの方が真っすぐの球を打つ練習をしています。もちろんそれでも良いのですが、コースに行ってもそうなのですよね。あまりボールを曲げようとしないのが不思議でした。ボールを曲げられるようになれば、今とは違うスケールの大きいゴルフができるのにもったいないなと思っていました。

たとえば、私たちが指導し始めたばかりの選手が「ここのコースはすごく狭い！」と言ったとき、いや、ＯＢの方に打ち出してフェアウェイの方に戻すように打てば広いんじゃないかい？　と伝えると、「え？　そんな勇気ないです……逆球が出たらアウトじゃないですか」と返ってくることがよくあります。

しかしそんな選手も、ショット・シェイピングを学び始めると、練習場に行くたびにショットの精度が上がっていきます。なぜなら、理屈がそこまで難しくないからです。そして最終的に、この本で紹介した9つの弾道がある程度打てるようになったら、今度はその弾道をコースで打ってみようとなった時、早く試したくてしょうがない！　という感じでコースに出ていくようになります。練習していないことはラッキーパンチ程度の成功率でしか当たりませんが、練習すればその分だけ成功率が上がります。練習すればできるようになるのですから、その球をコースで打ちたくなっちゃうのは当然ですね。

スイングを改善していく取り組みも大事ですが、ゴルフの一番のポイントは、コースを攻略するためのショットが打てるかどうかだと思います。きれいなスイングをしていても、球がコントロールできなかったら意味がありません。球を曲げることができても、精度が良くなかったらスコアになりません。それを改善するために、ローポイント・コントロールとショット・シェイピングについて書かせていただく機会をいただけたのはありがたかったです。

ゴルフはもっと自由で、楽しくあるべきだと考えています。無駄な球筋なんかないのです。使えるものは全部使っちゃいましょう。今まで考えたこともなかったクラブの選択、打ち方を創造できるようになってくるはずです。そうすると、ゴルフは今よりももっと戦略性の高いゲームに昇華できるはずです。

宮崎と渡邉でつくったＢＲＡＮＴＡ（ブランタ）という会社についても少しだけご紹介させていただきます。ＢＲＡＮＴＡは「渡り鳥」という意味です。日本のゴルフのレベルを上げるために、世界のさまざまな知識を渡り鳥のように日本のゴルファーの方々に伝えて、みなさんのゴルフをより楽しくしていきたいと思っています。

私たちが学びに行った世界のコーチたちとの交流を通して、“Knowledge is Power,

Never Stop Learning, Never Stop Thinking”ということを教わりました。みなさんがゴルフを上達するために学ぶこととともに、私たちもこの言葉を胸にこれからも世界の学びを日本に伝えてまいります。盛り上がってきている日本のゴルフのレベルをさらに先へ、みんなで進んでいきましょう！

そして個々に謝辞をお伝えしたい方々として、まず宮崎は、ＧＥＡＲＳ ＧＯＬＦの研修からいきなりショット・シェイピングを叩き込んでくださったMichael Manavian先生、コースで実践的なショット・シェイプを見せてくださり、いつも私の想像力・発想力が足りないことを自覚させてくださるKirk Oguri先生、アメリカのコース攻略で細かい道具のセッティングなどのご意見をくださるOhno Katsumi先生、スタックアンドティルトで私にローポイント・コントロールを指導してくださっているDavid Taraschi先生、そして日本にいらっしゃる先生方（数が多すぎる！）へ御礼申し上げます。

渡邉は、ゴルフコーチとして今に至るまでに成長をさせてくれた株式会社ＣＥＬＭでお世話になった松川好孝さん、志田栄一さんはじめとする諸先輩方、ＧＯＬＦ ＴＥＣで先生だったNick Clearwaterさん、ＧＥＡＲＳレッスンをする場をＢＲＡＮＴＡに作ってくださったり、ＢＲＡＮＴＡと一緒に協業させていただいているSurf Golfers碑文谷の木村晋さん、トレーナーの新畑奈奈さん、松村史也さん、コーチとして一緒にがんばってくれている井上欣子さんには改めて御礼申し上げます。

そして、私たち二人からは、ＧＥＡＲＳの輸入代理店をしてくださっている株式会社ノビテックの小西信宇社長、スタッフのみなさまにもいつも多大なご協力をいただき感謝申し上げます。本書の中の画像でご紹介させていただきましたアバターのスイングやクラブの画像は、ゴルフ業界の最先端モーションキャプチャーシステムＧＥＡＲＳ ＧＯＬＦの画像です。ＧＥＡＲＳ ＧＯＬＦが日本で広まっていなかったら、日本のゴルフの進化はもっとゆっくりだったと思います。私たちインストラクターにとっても学びの機会をくださりありがとうございました。

最後になりますが、前作『ローポイント・コントロール』に続き、ずっと前から日本に広まったらいいなと思っていた内容の本を世に出させていただくことができました。今回もかなり無理なスケジュールの中で本を仕上げてくださった実業之日本社の石川祐一さんをはじめとするスタッフのみなさま、ライターの長沢潤さん、本当にありがとうございました。

みんなで日本のゴルフのレベル上げていきてぇ！

宮崎太輝　渡邉隆介

**宮崎太輝**（みやざき・たいき）／左

ゴルフティーチング・プロフェッショナル。ゴルフ部に在籍していた大学時代に渡米し、高効率・高確率のスイング理論を体験。ニューヨーク市立大学大学院で運動学習を学び、スイング研究に応用し理論を確立、ティーチングプロとなる。ニューヨークを拠点に世界トップレベルのコーチ、研究者らと親交を結び、最新のゴルフ理論を日夜研究。日米双方でのレッスン活動に生かし、プロアマ問わず多くのゴルファーを指導する。著書『ローポイント・コントロール』（実業之日本社刊）で発表した理論は、多くのプロ、指導者、アマチュアに支持されている。1985年生まれ。

**渡邉隆介**（わたなべ・りゅうすけ）／右

ゴルフコーチ。全米最大のゴルフレッスンチェーンGOLF TECの日本国内スタジオにコーチとして8年間在籍し、2016年にはGOLF TEC International Coaches of the yearを獲得。現在はコーチ育成、プロ選手へのコーチング、ティーチング、アマチュアへのレッスン、タイトリストフィッティングスペシャリストとしてフィッティング、ゴルフ場やインドアスタジオのサービス開発などの活動に従事するほか、コンディショニング、栄養、パフォーマンス、メンタル、クラブ設計家などさまざまな専門家たちと協業し、ゴルファーの上達に向けた取り組みを行う。日本のゴルフレベルを上げるために宮崎太輝とともに立ち上げた株式会社BRANTAの共同代表を務める。1983年生まれ。

ワッグルゴルフブック

球筋《たますじ》とスコアをデザインする

# ショット・シェイピング


STAFF
編集協力　長沢潤
装丁・本文デザイン　西村巧
写真　高橋淳司
DTP　加藤一来
協力　株式会社ノビテック、サーフゴルファーズ碑文谷、
　　　カクタスゴルフスタジオ、井上欣子

2024年3月8日　初版第1刷発行

著　者　宮崎太輝《みやざきたいき》、渡邉隆介《わたなべりゅうすけ》
発行者　岩野裕一
発行所　株式会社実業之日本社
〒107-0062　東京都港区南青山6-6-22 emergence 2
電話　編集　03-6809-0473
　　　販売　03-6809-0495
ホームページ　https://www.j-n.co.jp/
印刷・製本　大日本印刷株式会社





ISBN978-4-408-65075-3（第二書籍）